投馬《とうま》とは対馬のことである。この書は新説「投馬＝対馬説」を客観的に官話《かんわ》の視点で実証し、邪馬台国の位置を推定するために書いたものである。

目次

プロローグ　9

第一章：「官話」で書かれた中国の史書……15

1. 三国志は中国で初めて紙に書かれた歴史書だった　15
2. 列伝形式で書かれた三国志　16
3. 「官話」で書かれた三国志　17

第二章：倭を取り巻く国際情勢……20

1. 魏蜀呉三国の状況　20
2. 呉の対魏戦略　21

第三章：海洋民族の倭……25

1. 倭と倭人　25

2. 今使訳通じる所三十国　32

第四章：対馬＝投馬論を検証する　37

1. 倭人伝の概略　37
2. これまでの邪馬台国論争のあらまし　37
3. 文章構成を理解する　40
4. 里数について　48
5. 至と到　55
6. 方位と日数について　61
7. 旁国、道里、次の解釈　64
8. 邪馬台国と投馬国　66
(1)邪馬台国とは　66
(2)投馬国とは　71
(3)水行・陸行の説明　73
9. 戸数について　77
10. 官名の解釈　80
第四章のまとめ　83

第五章：魏志倭人伝を官話で読む……86
1．一大率とは　86
2．共立の解釈　90
3．女王の都する所とは　94
4．景初二年（２３８年）の出来事　96
5．「後12月」とは　108
6．「以て卑弥呼死す」　111
7．男王は難升米？　115
8．倭国には三人の王がいた　120
9．倭国大乱　124
10．倭の産物の記録　128
11．倭の風俗　131

第六章：女王の都はどこか……135
1．卑弥呼の女王国はどこにあったか　135
2．邪馬台国東遷説は成立するか　141

3.「倭」の足跡　148

おわりに　152

■魏志東夷伝全訳（筆者訳）　154

■主な参考文献　174

プロローグ

1．対馬

民俗学者の宮本常一氏は1950年に対馬の南端の豆酘《つっ》村で八十過ぎの梶田翁より聞き取りを行っている。翁は山口県の周防大島の生まれで幼い頃に対馬へ来たという。聞き取りの内容は宮本氏の著書『忘れられた日本人』（岩波文庫）に収録されています。以下に一部を紹介します。

「久賀の大釣にはメシモライというてーーまあ五つ六つ位のみなし子を船にのせるならわしがあって、わしもそのメシモライになって大釣へのせられたのじゃ。大釣ちうのは、漁船でも大型のもんで一ぱい（一艘）に五、六人は乗ったろう。（中略）わしがメシモライでのせてもろうた船が対馬行の船じゃった。忘れもせん、明治九年のことで、何日もかけてここまで来た。風のある日はミヨシにこまい帆をまいて、風のない時は櫓《ろ》をおろして、博多まで来ると、そこでミソやショウユやシオや米を積んでのう。玄海島ちう博多の湾の口にある島で日和まちをして、二日も日和がもつと見定めて、それから出ましたんじゃ。（中略）夜になってもやっぱり櫓を押して、壱岐の島についた時アほっとしたの。（中略）勝本でまた何日か日和待ちをして、まる一日かけて厳原《いずはら》の城下へついた。（中略）対馬へついたのは秋祭りの頃じゃったろう。

久賀《くが》を盆すぎに出て、あれでも日和がわるうて、大方一月ちかくもかかったけえ。」

魏志倭人伝を読んだことがある人はきっとひらめいたでしょう。あっ！「メシモライ」とは「持衰《じさい》」のことだと。1600年の時を隔てて、「メシモライ」という航海の守り神が存在していたとは驚きです。明治の初めでも、周防大島から対馬まで大型の漁船が時には帆を使い、風がなければ櫓をこいで一か月近くかけてようやく到着したという。

対馬の最北の「塔の首遺跡」で発掘された石棺墓からは北部九州で作られた広形銅矛とともに韓国から渡ってきた銅腕輪が骸骨の左右の腕に計七個装着されていた。更に小壺に8000個ほどのガラス玉が入っており、被葬者の歯の鑑定により20歳代の女性であることがわかった。当時、卑弥呼だけでなく対馬の北端にも女性の王か巫女がいたことを示しているという。

また、朝鮮半島の勒島《ろくとう》では、貝塚と住居跡が島全体にみられ、これら遺跡から北部九州の弥生土器が出土しています。土器の特徴と土質の検討より壱岐や福岡から糸島あたりから出てくる土器と類似しているという。

高橋徹氏は著書『卑弥呼の居場所』に、狗邪韓国があったとされる釜山近郊のキメ市周辺では、釜山大学の申敬徹の話として「大まかにいうと、狗邪韓国時代には北九州、金官伽耶《きんかんかや》の時代には近畿系の遺物が多く発見されている。」ただし「狗邪韓国時代の終わり頃、つまり卑弥呼の時代の後には倭系遺物が出土しません。」と記録している。

2. 壱岐の島

筆者は50年ほど前に壱岐の島を郷の浦港から勝本まで二泊三日かけて徒歩で歩いたことがある。島の印象は平らで最も高い岳の辻の標高が２１３メートルだった。壱岐の島で最も有名な遺跡は原の辻遺跡でこの遺跡からは、多くの朝鮮半島系の無紋土器、擬《ぎ》無《む》紋《もん》土器が弥生土器に伴って出土したという。また、弥生時代中期に築かれた日本最古の船着き場跡も見つかっている。北端の勝本の近くで発掘されたカラカミ遺跡では、楽浪系の漢式土器が見られるが、この時期の韓国側ではほとんど見られない。鹿の肩甲骨を使用した卜骨《ぼくこつ》が出土しており、九州では出土例はないが釜山地域の遺跡からは出土しているという。カラカミ遺跡の貝塚からは多くのアワビの殻と共に骨製の「アワビ起こし」が出土しており、潜水漁法によるアワビ漁がおこなわれ、アワビから稀に採取される「アワビ玉」と「干アワビ」が作られていたと推測されている。

壱岐の島は現在「いきのしま」と呼んでいるが、もとは「いちきしま」であったと思われる。「いちきしま」とは宗像三女神の「市杵島姫命《いちきしまひめみこ》」を連想し、今は辺津宮に鎮座しているが、古代には「壱岐の島」の守り神であったとも考えられる。現在、全国に散らばっている「市杵神社」や「厳島《いつくしま》神社」は壱岐と関係があったのでしょう。「厳島神社」は古くは「伊都岐島《いつきしま》神社」とも表記し「市杵島姫命」が祭神である。「壱岐」→「伊都」→「伊都岐」→「市杵島」は何を暗示しているのだろうか？

3. 末盧

東松浦半島の根本近く、唐津湊に湊中野遺跡という高地性集落跡がある。壱岐・唐津湾・糸島水道を見渡せる立地にあり、三地点で計二十四か所ののろし台跡と住居跡が見つかっており、末盧国の見張台的な役割を果たしていたと考えられている。

末盧は末羅とも表記し、金達寿氏によると、古朝鮮語では、羅（ラ）は那（ナ）耶（ヤ）と転化しあい加羅・加那・加耶となり、これら「羅」「那」「耶」は国・国土の意味だという。「末羅」も古朝鮮語に由来しているのだろうか。

4. 対馬・一大・末盧の国人は国名を漢字表記していた？

魏志倭人伝に記載されているおよそ30か国は二群に分類できる。

第一が、倭人の音を漢字に置き換えた国名。第二が、すでに漢字表記があったと考えられる国名です。

第一群の多くの国名には、歴代の中国王朝が蛮族の国名に往々に用いる卑字《ひじ》・貶字《へんじ》が使われている。

奴・邪・不・狗・鬼などで、これらは官名や卑弥呼などの人名にも多く卑字・貶字が用いられており、魏使が倭人から聞いた国名や官名・人名を漢字に当てはめたと理解できる。これらの国ではまだ漢字（文字）を用いていなかったと判断できる。

■第一群

奴国・不弥国・邪馬台国・
投馬国・狗奴国及び21か国

■第二群

対馬国・一大国・
末盧国・伊都国

第二群は、魏使が訪れた時、すでに漢字表記があったと考えられる理由は、まず卑字・貶字を用いていない。対馬は現存する三国志の最古の版である紹熙《しょうき》本では対海国と記載されているが、紹興《しょうこう》本では対馬国と記載されている。隋書には「都斯麻」（du si ma）と表記されており、これは音を漢字表記したものです。一方、日本側の資料である古事記には「津島」日本書紀は「対馬嶋」と記載されており、「対海国」は対馬だと一般に認識されている。「対馬」を「つしま」と読むのも「津島」「都斯麻」と表記されているからです。しかし「対馬嶋」は「つしま」と読むのでしょうか？　この「対馬」は倭人の音を魏使が漢字に当てはめた、もしくは「tusima」という音を「対馬」という漢字に当てはめた形跡は全くありません。中国語には古代から現在まで、一字二音節「tusi」のような発音はありません。「対馬」を中国語で発音するなら「dui ma」あるいは「duo ma」となる。一説には、朝鮮側から見ると二頭の馬が並んでいるように見えることから「対馬」と名付けたという。

一大国は「壱岐」のことと理解されている。「一大」は「一支」の誤りという説がある。魏志より先に編纂されたと言われている魚豢《ぎょかん》の『魏略《ぎりゃく》』や『隋書』には「一支国」とある。魏略はすでに散逸して全容は判りませんが、幸い唐代の『翰苑《かんえん》』に逸文が残っている。日本側の資料では古事記に「伊伎島」、日本書紀に「壱岐嶋」とあり、8世紀には「いきしま」と呼んでいたと理解できる。「一支」は現代中国語の発音でも「yi zhi」であり「いき」に近い。

末盧国は、日本書紀の神功皇后記に「末羅県《あがた》」、旧事記《くじき》には「末羅国造《くにのみやつこ》」があり、現在では「松浦」があるので、古くから「まつら」と呼んでいたことが分かる。しかし末盧「maturo」の「matu」は対馬「tusima」の「tusi」同様中国語の発音ではありません。

ですから、対馬から末盧それと伊都を含めて、これらの国の倭人は自らの国名をすでに漢字表記していたと推測され、現在の地名「対馬」「壱岐」「松浦」「怡土《いと》→糸島」に変化していったのでしょう。この四か国は朝鮮及び帯方郡との交易の拠点であり、海運を握っていた。彼らは、おそらく中国語と韓族の言葉を理解していたので倭人伝に「使訳通ずる所」と記載されたと考えられる。上田正昭氏は『渡来の古代史』に「当時の邪馬台国の外交関係者（たとえば市の管理者である都市の牛利）に渡来系の人々が加わっていたことは充分に推測しうる。それらの人々のなかには文字を理解し使用する人たちがあったのが自然ではないか。邪馬台国の外交の使者として活躍する「大夫難升米」などもそうした人々であったと思われる」と書いている。

今後、この書では、対海は対馬、一大は壱岐と表記します。

第一章：「官話」で書かれた中国の史書

中国人にとって当然のことでも日本人は初めて聞くことが多くあります。「官話」という言葉も多くの日本人には聞き覚えのない単語でしょう。

1．三国志は中国で初めて紙に書かれた歴史書だった

史記や漢書は木簡《もっかん》に書かれましたが、三国志が編纂《へんさん》されたのは、日本では弥生時代晩期の3世紀ですが、中国ではすでに紙を使用していました。紙を発明したのは後漢の官僚だった祭倫《さいりん》だと後漢書にはあります。彼はそれまであった麻の繊維製の紙を改良し、樹皮・麻のくず・破布・古い漁網などを原料として紙を発明したとされています。その後、更に改良され、後漢末には薄くて均一、紙質は細密、色沢鮮明な「左伯紙《さはくし》」が大量に生産されるようになりました。三国志が編纂されたのは、その更に100年後の280年前後ですから、最初から紙に書かれたと考えられます。

現存するもっとも古い三国志である紹熙本《しょうき》は一頁に一列19字詰め、10列の計190字の漢字でびっしりと書かれており、無論句読点《くとうてん》も改行もありません。写本は原本を忠実に筆写するこ

とが原則ですので陳寿が編纂《へんさん》した当時から同じ様式だったと考えられます。三国志は一般の読みものとして編纂された歴史書ではありません。魏を継承した晋の皇帝および官僚たちが政治を行う為のいわば参考書です。史記・漢書も同様です。そのために、専門の官が筆写し、脱字及び加筆を防止するためにも同じ書式（一頁190文字）で書き、誤字も厳しくチェックしていたでしょう。邪馬台国論争において、誤字・脱字論が横行していますが、基本的に誤字・脱字・加筆はなかったといえます。宋の時代に裴松之が注釈を書き込んだ時点で或いは誤字が発生した可能性はありますが、裴松之は皇帝の命令で注釈し皇帝に差し出したのですから筆写は慎重に行われたはずです。やはり、誤字・脱字はまず考えられません。

2. 列伝形式で書かれた三国志

列伝形式は史記からの伝統的著述形式を踏襲した結果だと一般的には考えられています。確かに結果的にはそのように言えますが、あまりにも安直な思考です。実は列伝形式で書かれたのには別の理由があります。それは史書編纂者が利用した資料が列伝形式で書くのに適していたからです。

中国には「檔案《とうあん》」という制度があります。この制度は秦の時代からあったようです。時代と共に呼び名は違っても基本的に内容は同じです。「檔案」と言う言い方は明・清から使用され現共産中国でも「檔案《とうあん》」と言います。「檔案」とは個別事案ごとのファイルで、特に重要視されているのが「人事檔案」と呼ばれる個人個人のデーターファイルです。現中国では一昔前まで個人ごとに「檔案袋《とうあんふくろ》」に入れられ所属部署で保管されました。当然現在ではコンピューターデーター化されていますが、今でも「檔案袋」が市販されています。「人事檔案」は一言でいえば個人情報の缶詰であり、出生から現在に至るまでのあらゆる情報が網羅されています。日本における一昔前までの履歴書の内容以上のものが所属機関の「檔案室」に保管されているのです。

陳寿は三国志を編纂するにあたり、朝廷の尚書省《しょうしょしょう》或いは中書省《ちゅうしょしょう》に保管されていた重要人物の「檔案」（晋代には「文書」とか「案巻」と言った。）を、人物ごとに整理し事案ごとのファイルを参照しながら書いたと断言できます。故人に関する「檔案」は恐らくすでに専門の官によってまとめられていたことでしょう。倭人伝も同様に倭人に関する「檔案」ファイルが整備されていたので詳細に書くことができたのでしょう。陳寿は、以前は蜀の官僚になって三国志を編纂した陳寿にはおそらく私見を記載する余裕はなかったと思われます。晋の官僚でした。倭人伝も朝廷に保管されていた資料を忠実に要領よくまとめたものだといえます。

3.「官話」で書かれた三国志

当然のことですが、三国志は中国語で書かれています。しかし、この中国語は「官話」と呼ばれる「官僚・役人が使用した標準語」であり、話し言葉だけでなく書き言葉も標準化・定型化されていました。中国の広い国土を統治するためには、地方官僚といえども共通語である「官話」を使用することが必須であり、歴代王朝に受け継がれてきました。王朝が代わっても前王朝の官僚は新王朝に仕え、以前と同じように業務を継続したことは史書に明らかです。彼ら官僚がいなければ新王朝は直ちに崩壊したことでしょう。「官話」は継承されて使用されてきましたが、同時に王朝の変遷や遷都などによって少しずつ変化したようですが激変はなかったと中国の学者は考えています。日本の学者がよく言う「漢音」「呉音」は中国の古代役所の「官話」より、むしろ僧侶や民間の言葉に残っているといいです。「官話」も隋唐の時代には長安方言に近く、現在も陝西省西南部方言に残っているのではないでしょうか。「漢音」は唐時代の長安方言に近く、現在も陝西省西南部方言に残っているといいます。「科挙（かきょ）」を受けるには「洛陽読書音」と呼ばれる「官話」が実施されたことで更に発展し、「科挙」を受けるには「洛陽読書音」と呼ばれる「官話」をマスターする必要がありました。この「洛陽読書音」が現在中国の国語（普通話（プートンホワ））の基礎となりました。

現在では「官話」という場合、「官話方言」を指し中国人口の70パーセントの人が母語として使用しています。おおざっぱにいえば長江以北と四川・雲南・貴州省で使用され、大きく8方言に分けられています。最も使用人口の多い官話方言は西南官話で、次に中原官話です。その他に北京官話、東北官話などがあります。官話方言は南方の広東語・福建語などと違い、官話方言の間で少しは意思疎通ができます。官話方言がこれほど広く使用されているのは歴代王朝で使われていた官話が、一般庶民まで広がった結果であり、方言の中には古い官話の発音が残っているからだと言えます。その点、広東語や福建語は英語とフランス語程の差があり同じ漢字を使用していても発音は全く違います。これらの地域は古くは百越《ひゃくえつ》と呼ばれた所で、歴代王朝もこの地域までは徹底した統制が取れなかったのでしょう。

これから魏志倭人伝を読むにあたって、以上三点を念頭に置いておかねばなりません。特に魏晋時代の官話とはどのようなものであったか想像しながら、時には『康熙字典《こうきじてん》』や『説文《せつもん》』（説文解字の略、前漢に編纂された漢字字典）を参照して読む必要があります。なぜなら、魏志倭人伝は魏晋時代の「官話」で書かれたものであり、現代日本語に同じ漢字があっても意味や概念が違うことが多いからです。中国語が解らなくても決して漢文読みしてはなりません。間違いのもとです。

第二章：倭を取り巻く国際情勢

1．魏蜀呉三国の状況

難升米が魏の都洛陽に朝貢《ちょうこう》したのは景初二年（238年）の12月でした。

三国（魏蜀呉）では映画「レッドクリフ」に登場する主要人物は呉の孫権を除いて殆ど全員が故人になっています。魏は曹操の孫である明帝の時代であり、彼も翌239年の1月に逝去しています。蜀の五度におよぶ北伐を迎え撃った司馬懿《しばい》（仲達）はまだ健在でした。蜀では劉備の子劉禅《りゅうぜん》が皇帝で、補佐役の諸葛亮《しょかつりょう》（孔明）も234年に五度目の北伐中に死んでいます。関羽も張飛も早くに亡くなり最後まで生き残っていた趙雲も229年に亡くなっています。魏をたびたび侵した諸葛亮が死去したことで魏と蜀との国境は静かになりました。呉は孫権が健在で頻繁に魏の領土に侵攻し同時に魏の背後からの攻撃をもくろみ高句麗に使節を送り、遼東の公孫淵《こうそんえん》にも使節を送っています。遼東の公孫淵は楽浪郡と帯方郡も占拠していましたが、景初二年に魏に滅ぼされます。朝鮮半島には三韓（馬韓・辰韓・弁韓）、北には高句麗が、北の海沿いには濊《わい》・沃沮《よくそ》等が盤踞《ばんきょ》していました。

２．呉の対魏戦略

呉の孫権は度々魏に侵攻し、２２６年には魏の文帝曹丕《そうひ》が亡くなったことを知り、早くも翌月に江夏郡を攻めています。その後度々衝突があり、景初元年（２３７年）にはまた二万の軍勢で江夏郡を攻めました。呉は国境からの攻撃だけでなく、魏の後方を脅かすことを目的に、遼東の公孫淵や朝鮮の高句麗にも使節を送り同盟を画策しています。そして倭国にも接触しようとした形跡があります。呉の年号である「赤烏《せきう》」年号（２３８年〜）銘のある銅鏡が近畿地方から発掘されていることもそれを裏付けています。公孫淵と東夷特に倭人との関係は周知の事実であり、呉の孫権は公孫淵との同盟を図り、背後から魏国に脅しをかけると共に、魏と東夷との関係が発生するのを断つことを狙っていました。魏と呉が覇を競う中で、東夷各国の就去は双方に多大な影響があり、魏の海軍力は脆弱《ぜいじゃく》で呉と海上で雌雄を決するのは非常に困難でした。呉もまさに自らの海軍力の優位を利用し、東夷各国の奪取を目論んでいました。

２３０年には、孫権は将軍衛温《えいおん》に指示し、諸葛直に海軍万人を率いらせ、壇州《だんしゅう》と夷州《いしゅう》（恐らく目的は日本列島）を探しに船出し、海外への影響を拡大し魏の孤立を目論んでいます。この計画は失敗し両将軍は死罪になっています。しかし、すべての船が帰り着いたわけではなく、船団は会稽の沖を一路東へ向かいおそらく一部の船は南に流されて台湾にたどり着き、また別の船は黒潮に乗って鹿児島・紀伊半島にたどり着いたと考えられます。

２３２年３月に孫権は遼東の公孫淵に将軍周賀らを派遣し、10月には公孫淵の使者が孫権のもとに行っています。当然孫権は喜び、公孫淵に爵位を授けました。

233年3月には、孫権は公孫淵の使者を送り届けると共に、将軍賀達らに兵万人を率いらせ、多くの贈り物を携えて遼東に行き、公孫淵を燕王に加封しました。しかし公孫淵は魏に事が露見するのを恐れ、呉の使者を斬り、兵と贈り物を没収し、使者の首は魏に送り魏の疑いを解いています。孫権は大いに怒り、自ら公孫淵を征伐しようとしましたが、取り巻きに諫められ中止しています。11月には公孫淵は孫権の使者の首を送ってきた功績により魏の明帝により大司馬楽浪公に取り立てられました。

236年　高句麗王が孫権の使者の首を斬り霊州まで届けている。

237年　公孫淵は魏から離れ自ら燕王を名乗る。

238年　魏は公孫淵を滅ぼし、楽浪・帯方両郡を手に入れる。

239年3月　孫権は将軍孫怡らを遼東に派遣し、魏の守将張持らを撃破し、捕虜を連れ帰った。

230年に倭国との接触に失敗した孫権は、遼東および高句麗と積極的に接触を始めました。魏の後方を押さえることができれば、南と北の両面から魏を攻めることができます。しかし、公孫淵との関係は公孫淵が魏を恐れるあまり失敗し、その後高句麗と連携し遼東を攻めようとしましたが、これも失敗しました。これら呉の一連の行動が魏による公孫淵征伐を早めたと言えます。公孫淵が滅んだ後、239年に孫権が遼東を攻めたのも起死回生を図った行動ですが、すでに時は遅く韓諸国と倭国との関係は、魏との臣属関係が確定しており、呉と連携する可能性を断ち切りました。倭人伝の正始元年（２４０年）以降の記事はそのことを明確に意思表示していません。その後、正始六年（２４６年）に狗奴国が女王国を攻撃したのは、呉の後押しがあったからという考えがあります。何の記録も残っていませんが、この戦に魏が介入したことを考えると、その可能性は高く、この戦は魏と呉の代理戦争であったと言えます。倭に関する記録は魏に多く残っていて呉には殆ど残っていません。魏は西晋に禅譲《ぜんじょう》という形式で乗っ取られたので魏の資料はそっくり残ったのです。しかし、呉は西晋に２８０年に滅ぼされたので資料関係もほとんど残っていません。陳寿は呉の官修である偉昭《いしょう》の『呉書』を主要な資料として『呉志』を編纂したと言われていますが、『呉書』に魏志の東夷伝のようなものが無かったとは断言できません。ですから、呉が日本列島へ進出していなかったとは言い切れません。南九州や紀州に上陸していた可能性は大いにあります。それが、赤烏年号の入った銅鏡の発掘であり、「赤烏元年（２３８年）」と「赤烏七年（２４４年）」の銘の入った画文帯神獣鏡が、山梨県と兵庫県からそれぞれ1面ずつ出土していることからも覗えます。赤烏元年は魏の「景初二年」であり七年は「正始五年」にあたります。

孫権の全国統一という野望はここに潰《つい》えたわけですが、彼は三国の主《ぬし》の内誰よりも長生きし、２５２年に69歳で亡くなりました。その後、まず蜀が２６３年に魏に滅ぼされ、その魏も２６６年に司馬懿の孫の司馬炎に乗っ取られ西晋になりましたが、呉はその後も存続し、２８０年に西晋に滅ぼされるまで続きました。

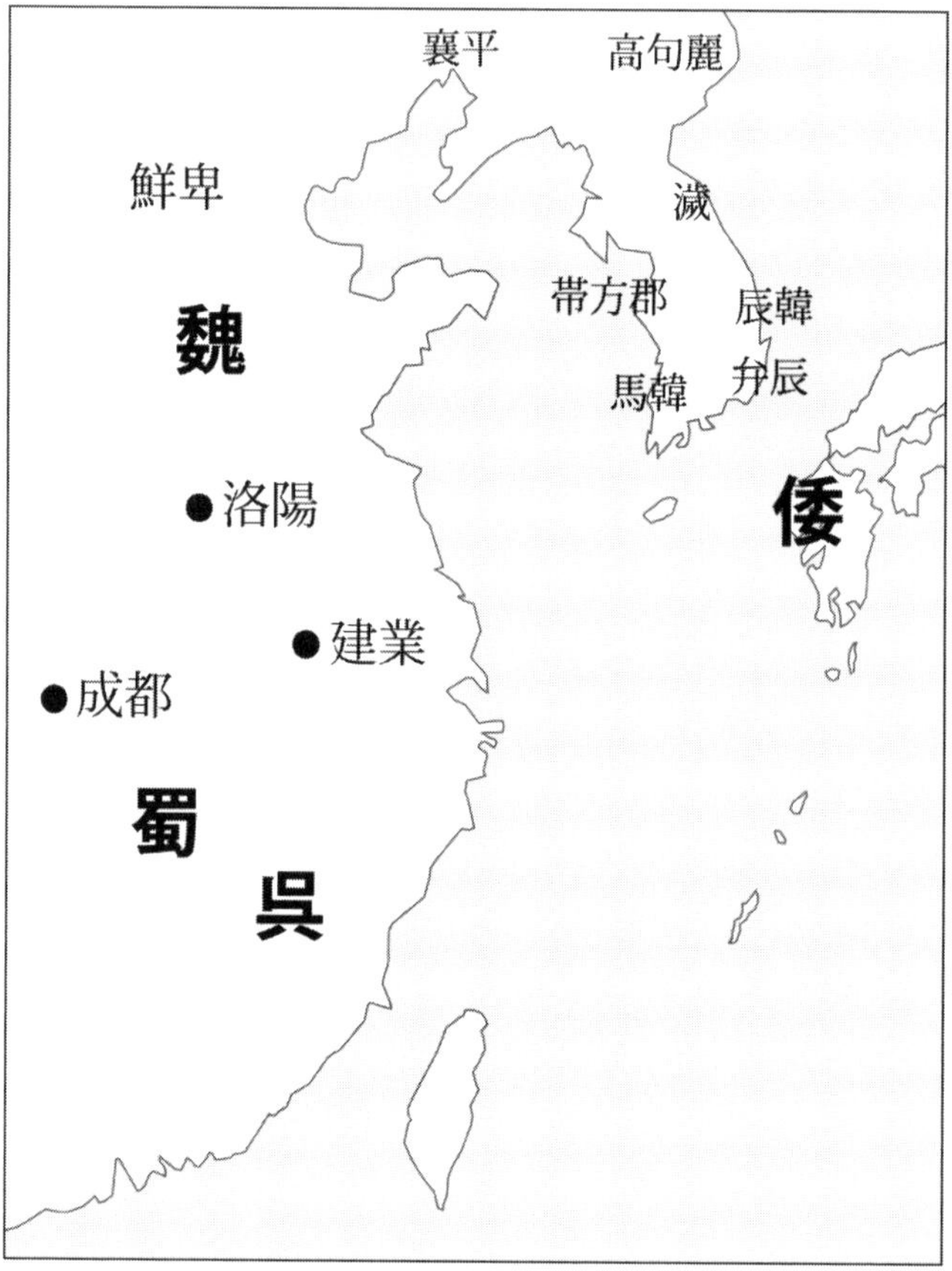

三国時代の各国

第三章：海洋民族の倭

1. 倭と倭人

私たちは何気なく日本列島に住んでいた人々が倭人だと考え、何の疑問も抱きませんが、はたしてそうでしょうか。まずこの前提を取り払って考えてみましょう。

中国の書物で最初に倭が現れるのは、西暦前4～3世紀に書かれたとされる地理書『山海《せんがい》経《きょう》』に「蓋国《がいこく》は鉅燕《きょえん》の南、倭の北にあり、倭は燕《えん》に属す。」とあり、井上秀雄氏は著書『倭・倭人・倭国』で、鉅燕《きょえん》の解釈によって倭の位置が変わり、倭は北九州・江蘇省の海側・内モンゴルの東部に比定できると言っています。又、彼は『山海経』の次に古い後漢時代の1世紀の書物『論衡《ろんこう》』に「周のはじめに東の果て、日の出るところの夷である倭人が香草を貢《こう》した。」とあり、周の都の東の果てとは現在の山東省南部から江蘇省北部の地域であり、『山海経』の江蘇省の海側とほぼ同じ地域を指していると記しています。次に倭人が出てくる『漢書』の「楽浪海中に倭人あり、分かれて百余国をなす」に対しても「朝鮮が海中にあるという記事が、『史記』にも『漢書』にもでてきます。すなわち漢人が船で行く地域の事を海中にありというのですから、朝鮮半島自体でもよいわけです。それで『漢書』の倭を必ずしもそんな遠い北九州しかないと考える必要はないんじゃないかと思います。もっと楽浪に近くてもいいわけです。」とし、「説文に倭は従順の意味であるとしている。私はこの意味をとって、倭を後漢や魏王朝に従順な民族に付した半ば普通名詞とみている。」と述べています。井上氏はこの「広義の倭人論」を1993年の第二回東アジアシンポジウムで発表し「倭の居住地は四地方に分散し中国王朝に従順な異民族に対する呼び名であり、倭＝日本として一律に見ようとしてきたところに問題があるのではなかろうか」と問題提起しました。これに対し北京大学の沈仁安氏は反論していますが、ここでは割愛します。彼は著書『中国からみた日本の古代』の第三章の冒頭で「倭は日本の古代の呼び方であり、倭人は日本列島に住む古代の日本人である。」と断定しています。これは中国における統一見解であり、彼はその守護神として、日本人であっても、これに対する異論を時には牽強付会《けんきょうふかい》ともとれる論理で論破を試みています。何事も明確な根拠なしに断定すればその先には新しいものは生まれてきません。

　ここからは、私の見解を述べます。

　三国志の魏志三十巻烏丸鮮卑東夷伝《うがんせんぴとういでん》は他の巻が人物の列伝であるのと異なり、魏の北および東の異民族のことを書いています。そこにはまず烏丸《うがん》と鮮卑《せんぴ》、その次に東夷伝が書かれています。東夷伝には、扶余《ふよ》・高句麗・東沃沮《よくそ》・挹婁《ゆうろう》・濊《わい》とつづき最後に韓・倭人です。なぜ「倭人は」で始まるのでしょう。前漢書に「楽浪海中倭有倭人、分為百余国……」とあり、魏志はそれを引き継いだから「倭人は」と書いたのだと言えなくもありません。しかし倭人以外は国名もしくは現在でいう民族名で書かれており、「韓」も決して「韓人」ではありません。そこで一部の学者は「倭人国」と表現しているほどです。

しかし、東夷伝を詳しく見ると、

①「建安中……その後倭・韓はついに帯方に属す」

韓と濊が強勢となり、兵を興して韓と濊を討伐した結果、倭と韓が帯方郡に属したという。

この倭は明らかに半島に住んでいる。

②「韓は帯方の南にあり東西は海で南は倭と接し」

倭と接しとあるのは、東西が海であり、朝鮮半島は南も海であるので、倭と接していると

は南側に倭が住んでいることを表している。

③「弁辰には鉄が出て、韓濊倭《わい》皆ここからこれを取る」

皆ここからこれを取るとは採掘すると解釈できるし、購う（物々交換）するとも解釈でき

韓濊と同じく半島の倭である。

④「弁辰と辰韓は雑居し、その瀆盧《とくろ》国は倭と界を接する」

倭と界を接していると明確に書いている。倭人の項で「女王の境界の尽きる所、南に狗奴

国あり」の界と同じで明らかに陸続き。

⑤「今辰韓人みな褊頭。男女倭に近し、又文身する」とあります。

辰韓の人はみな頭が狭く、男も女も「倭」によく似ており、入れ墨をしている。倭人とは

書かないで「倭」としている。この倭は辰韓人と同じく民族を言っている。

そして、倭人の条では、

⑥「郡より倭に至るには、海岸を水行し、韓国を経て、その北岸狗邪韓国に至る七千里」の一度しか「倭」は出てきません。

前記の①から⑤を見れば明らかに「倭」は朝鮮半島の南部にもいたことが判ります。①から④の「倭」は国若しくは集団のことと読み取れますが⑤では辰韓人は「倭」に近いと表現しており、この倭は明らかに「種族」ですが「倭人」とは書いていません。

そして⑥ではいつも問題になるのは、「その北岸」の「その」で、最近の解釈は「倭国の北岸（対岸）の狗邪韓国」ですが、韓国はすでに通り越しており、その北岸とは、「倭の北岸」すなわち「倭の最も北にある領土」と解釈できます。もしこの地が韓国の一部（今の韓国のことではない）であれば、当然「韓国の南岸」と記されるはずだし「韓国を経て」の文章も必要ありません。

現代人の感覚であれば、「へぇ〜古代には朝鮮半島の一部が日本の領土だったんだ。」と考えがちですが、そうではなく「倭という集団が朝鮮半島の南岸部と北九州沿岸部を含む対馬等の島々に住んでいた」だけの話です。彼らは時代が下ると共に徐々に両岸の体制に組み込まれていきますが、3世紀当時はまだ独立を保っていたと考えられます。

次に「倭人」についてですが、倭人の条には「倭種」「倭大夫」「倭水夫」が各々一度、「倭地」「倭女王」「倭王」「倭国」が数度出てきます。「倭」という固有名詞は倭人伝には前出の一度しか記載されておらず、その他は東夷伝の序と韓伝に計五回出てきます。では、「倭人」とはなんでしょうか。魏志倭人伝に「倭人は……もと百余国、漢の時朝見する者あり、今使訳通ずるのは三十国」とあり、「邪馬台国をはじめとして狗邪韓国・対馬・一大国を含む倭人に記されている三十国」に住んでいる人々を指していると思われます。そして倭人伝には「女王国の東海を渡ること千余里、又国あり、みな倭種」と書いています。陳寿は民族（共通の価値観と言語を有する集団）を「倭」「倭人」「倭種」と使い分けて記述しています。これらを総合して考えると、三国志の編者である陳寿は朝鮮半島に住む「倭」は明確に区別できたが、日本列島、特に九州の海岸部に住む「倭」と内陸部に住む人々の区別が明確でなかったために、すべての人々を包括するために「倭人」という言葉を用いたのではないかと思われます。

では、「倭」とはなんでしょうか。「倭」の勢力は、北岸が「狗邪韓国」であり漢の時代の奴国が「極南界」であると解釈できます。魏志をベースにして書かれた後漢書では、倭国から楽浪郡への道のりとして書かれており「楽浪はその国（倭）を去ること万二千里、その北西界狗邪韓国を去ること七千里」と明確に記しています。その北西界のそのとは「倭」のことです。

ですから「倭」の勢力範囲は対馬・壱岐と九州の北岸地域および朝鮮半島の南の一部と多島海と考えてよいでしょう。これには傍証もあります。三国史記の新羅本紀には倭人が攻めてきた邪韓国を去ること七千里」と明確に記しています。その北西界のそのとは「倭」のことです。

邪韓国を去ること七千里」と明確に記事が頻繁に出てきます。中国の集安から出土した「好太王碑文」にも391年から404年までに倭が四度攻めてきたことが記載されています。もし、倭人が九州より攻めたのであればこんなに頻繁に侵攻できるはずがありません。秀吉の朝鮮戦役でも分かるように、必ず兵糧の輸送が伴わなければ戦はできません。ですからここでいう倭人は朝鮮南部に住んでいた倭でなければ不可能でしょう。また新羅本紀によれば193年6月に「倭人大いに飢う。来りて食を求むる者千余人なり」とあり、この倭人は明らかに新羅の近くに住む倭であり、決して九州の倭人ではない。もし北九州の倭人であれば、九州を放浪するか、舟があれば本州か四国に渡ったことでしょう。

倭は魏志倭人伝によれば、「皆黥面文身《げいめんぶんしん》する」「辰韓人は倭に近し、文身する。」「好んで沈没し、魚蛤を捕える」とあります。彼らは顔と体に入れ墨をしており、素潜り漁を得意としていたようです。彼らのルーツではないかと思える記事も倭人伝には記載されています。それは、「儋耳《たんじ》・朱崖《しゅがい》と同じ」でここは今の海南島にあたります。現在、日本から済州島に点在する海女はともに「磯笛《いそふえ》」という独特の呼吸法を行うことがよく知られています。彼ら（彼女ら）は、漁場を追って全国に枝村を作って行ったといわれています。日本書紀にも興味ある記事がありま す。応神天皇紀の三年に「安曇連《あずみのむらじ》を海人《あま》の宰《さい》とする」その二年後には「海士部・山守部をおく」と記載されており、これは明らかに功績のあった「倭」即ち「海人」を重要した証です。現在、各地に地名として残っている「アツミ・アズミ」「安曇・安住・渥美・熱海・温水・安積・温海等」は彼らが各地の海辺に散らばって行った証です。彼らの祭祀跡は今でも残っており、住吉大社および宗像大社とその沖津宮である沖ノ島は特に有名です。宗像とは「胸形」で胸にいれた入れ墨だと言われています。

また、倭は、特に対馬・壱岐では、「船に乗って、南北に市糴《してき》する。」とあり、朝鮮から北九州の海域を熟知した海洋民族であり交易の民であったことがうかがえます。彼らは、対馬・壱岐の産物を両岸に運び、朝鮮半島からは「米」はもちろん「鉄」「青銅器」を手に入れ、これを九州に運び、九州の産物を朝鮮に運んで利益を得て強大になっていったと考えられます。また、漢の時代に倭国より漢に朝貢したことが記載されていますが、当然彼らを運んで海を渡ったのも「倭」であったでしょうし、紀元前後から何世代にも亘って半島から九州へ渡ってきた帰化人と言われる人々を運んだのも「倭」であり、彼らを輸送することで財を成したことでしょう。中には、北方の騎馬民族もいたかもしれません。

今後、この書では「倭」と「倭人」を区別して書いていくにあたり、海洋民族の「倭」（狭義の倭人）と「倭」を含めた倭国（日本列島にあった国）に住む人々を「倭人」（広義の倭人）として話を進めていきます。

「倭」が日本の歴史書に初めて出てくるのは、日本書紀の応神天皇紀であり、応神の3年11月に「処処の海人、訕哤《さばめ》きて命に従わず。則ち阿曇の連の祖大浜宿祢《おおはまのすくね》を遣わして、そのさばめく（訕哤）を平らぐ。因りて海人の宰とす。」とある。岩波文庫の日本書紀の補注に「訕は説文に謗也とある。哤は哤異之言とあり、哤は乱声の貌。上をそしりわけのわからぬ言葉を放つ意。この記事はアマが、支配者層と異なる言語を使っていた異民族であることを示す記事とも解釈される。」とある。また、海人は補注に「アマはほかに海・海士・白水郎などと書かれるが、一般に漁業と航海に熟練した海辺の漁民を指す。本条に「（訕哤之不従命）とあり、肥後風土記、松浦郡値嘉郷の条にも「この島（値嘉島）白水郎、容貌似隼人、恒好騎射、その言語異俗人也」とあって、普通の日本人とやや言語を異にしたようにも見える。また、魏志倭人伝に「今倭水人、好沈没捕魚蛤、文身亦以厭大魚水禽。後稍以為飾……」とあり、履中元年4月条の阿曇連浜子を罰した記事に、眼辺の入れ墨を阿曇目（あずみめ）と呼んだということがみえていて、アマが一般に文身（いれずみ）

の風習をもっていたことも推測される。そこでこのアマを、南シナ沿岸地方の水上生活者につながる特殊な種族で、本来言語・風俗を異にし、綿津見神（海神）の信仰を持ち、九州方面からしだいに海辺を東進したものであって、阿曇氏をその首長だったとする見解もあるが、アマといえば、すべて特定の異民族だったかどうかは確かではない。」とある。本文によれば、「各地の海人が訳の分からない言葉で騒ぎ立てて命（おそらく海産物を納めよという命令）に従わないので、安曇の連の祖である大浜宿祢を派遣して、騒ぎを鎮めたので、海人の宰に任命した。」とあり、補注では「海人が支配者層と違う言語を使用していた異民族であり、入れ墨の風習がある。」と記載している。まず、注目すべきは、大浜宿祢は支配者層であり且つ海人の言語も理解できたので鎮圧を命じられたのでしょう。

2. 今使訳通じる所三十国

　魏志倭人伝によれば、通訳がいて朝貢する国が三十国あると言います。その三十国とは戸数距離が具体的に書かれている邪馬台国をはじめとする八国と女王に属していない狗奴国、遠い距離が具体的に書かれている邪馬台国をはじめとする八国と女王に属していない狗奴国、遠いので位置や戸数などが良く判らないと書かれている国が二十国（奴国は重出）、これに狗邪韓国を加えて三十国と理解できます。しかし、これらの国が各自船を仕立て、通訳がいて帯方郡に朝貢したと考えるのは疑問です。三十国には内陸の国もあったことでしょう。すべての国が造船する技術を持つほどの国力があったとは考えられません。地図のない時代です。まして海図などありません。磁石・羅針盤もありません。潮の流れも風もあります。船乗りはどのようにして帯方郡にたどり着くことができたのでしょう。

> 博多と釜山の海上二百キロのヨットレース「アリランレース」が二年ごとに5月に開催されている。魏使もおそらくこの時期に対馬海峡を渡っている。5月の対馬海峡の黒潮は西から東へ、風は南又は西から吹くという。ヨットマンの話では、「巨済島の西端や対馬・壱岐から真南か南南西をめざして、やっと南東の島にたどり着く。手漕ぎの船では対馬にたどり着けない。帆を利用して渡ったに違いない。」
>
> いき一郎　邪馬壱（台）国〝発見〟記より

漢の時代に「指南針《しなんしん》」という磁石が発明されましたが、当初は祭祀・礼儀・軍事及び占いや風水の方位確定に用いられ、船舶の航行に使用されたのは11世紀の終わり頃と言われています。北宋時代の《萍州可談》という書物に「舟師　識地理　夜則観星　昼則観日　陰晦観指南針」とあり、船頭はまず地理を熟知した上で、夜は星を観測し、昼は太陽の位置を見て、星も太陽もなければ指南針を視ると書いています。北宋の時代でも、原則は地理をよく知っていなければ航海できませんでした。魏の時代、北斗七星の観測で夜も航海していたとも言いますが、海域を熟知していなければ夜に航行はできません。それに、「使訳通じる」とは「通訳がいて使節を派遣してきた」という意味ですので、もし各国に漢語なり韓語を話せる人がいたなら日本列島にはもっと早く文字が入ってきていたことでしょう。

このように考えると、この海域を熟知し漢語や韓語を話せる集団がいて彼らが各国の使節団を輸送したと考えるのが合理的です。彼らは当然この海域の制海権も掌握していたことでしょう。この時代の航海は、陸から離れず航行し、夜は停泊し、日中に天気を確認して航海していました。

北九州から韓国に渡るには、まず壱岐に渡り、停泊し、その後また対馬へと数日要してやっと韓国へたどり着いたに違いありません。これらの島へ見知らぬ船が停泊すれば当然島民は海賊になり略奪したであろうし、これは韓国側の島々でも同じことだったでしょう。彼らこそ、「倭」に他ありません。

一方、帯方郡側にとっても、見知らぬ船に見知らぬ人々が乗り交易なり朝貢を求めても用心したことでしょう。一般に中国の歴代王朝の習慣として朝貢国には手形（割符・朱印等）を発行してそれを持つものにのみ朝貢ないし交易を認めてきました。ですから、従来倭に属する国に一括して手形を発行してきたのが、帯方郡の役人が伊都国に常駐するようになってからは伊都国で手形を発行するようになったものと思われます。

各国の使節は朝貢品もしくは交易品を携えて伊都国に赴き、「一大率」による検査を受けたのち、倭の船で韓国や帯方郡に渡っていったのでしょう。経験豊かな通訳が倭に属していて交渉もスムーズにいったのではないでしょうか。

魏志倭人伝には倭人がどのような船で帯方郡まで行ったのか、また魏の使節が倭国へ行ったときに使用した船についてはなにも記載されていません。一般に、いかだ船とか手漕ぎの船を用いたのではといわれています。日本には昔からガレー船のようにオールで漕ぐ船は殆どなく櫓で漕ぐ船が主流でした。当時本当に倭には大型の帆船はなかったのでしょうか。倭人伝によれば、正始八年（247年）には、倭の使節20人が魏の使節張政らを送ると共に朝貢し、引き出物に生口（捕虜または奴隷のこと）30人などを献上したと記載しています。まず、人数は船乗りも乗り込んでいるので最低でも80人程度であり、その他の引き出物や当然当面の食糧を積んでおり少なくとも7～10屯程度にはなったと考えられます。必ずしも、一艘の船とは限りませんが確実にすべての人と荷物が帯方郡に着くためには大型の船であったのではないかと思います。

> 説文には「船、舟也」とあり、段注に「古人言舟、漢人言船、毛以今語釈古、故云舟即今之船也」とある。又、清代に編まれた説文の注釈書である「説文義証」には「小日舟、大日船」とあり、この説明に従うなら「船」は決して筏舟でも手漕ぎ舟でもなく、大型の帆船であろう。

大型船であるとするヒントが三国志の中にいくつかあります。

まず、魏が公孫淵を攻める前年に今の山東省と渤海湾沿いの4州に大型の海船の製造を命じています。翌年、司馬懿が公孫淵を攻める前に、これらの大船で楽浪郡と帯方郡を襲い陥落させています。この大船はどのような船だったのでしょう。また、公孫淵および孫権は230年代に船で行き来しています。孫権は万の兵を乗せていったとも記されています。どちらの船も魏の領土を通過しなければなりません。特に山東半島を回り込む時は注意しなければ敵に見つかってしまいます。できるだけ陸から離れて航海しなければなりません。途中陸に接岸できないのですから水や食料も大量に積んでいったでしょう。やはり大型の帆船だと考えるよりほかありません。

倭の水夫たちは当然このような船を見たことがあり、彼らが帆船を所有していなかったとは考えられません。三国時代、造船技術の発展した呉国には、最大で上下五層、積載可能3000兵士の軍船があったと言います。呉国が滅亡したとき、晋朝が獲得した官船は5000隻以上あったと記録されています。これらは主に長江を行き来するための川船であったでしょうが、当然海船の大船もありました。もっと時代を遡《さかのぼ》って漢の初期の事が史記の朝鮮列伝に記載されています。漢が衛氏朝鮮を討伐する時、斉《せい》（山東半島）から楼船に五万の兵士を乗せて、渤海湾を渡り、遼東からの軍と挟み撃ちして衛氏の軍と対峙したと司馬遷は書き残しています。楼船とは二層・三層の大船のことです。紀元前108年にはすでに大型の海船があったと言っています。ですから、倭に大型の海船があった可能性は非常に高いと考えられます。

第四章：対馬＝投馬論を検証する

1．倭人伝の概略

まず魏志倭人伝を読まれたことのない人のために内容を説明しましょう。

倭人伝は大きく分けて三部で構成されています。第一部は郡使が帯方郡から女王国（邪馬台国）へ至るまでの行程と各国までの距離と各国の状況を書いています。第二部は、倭の風俗・産物・政治情勢などが記載され、第三部は景初二年（238年）から正始八年（247年）までの魏と倭国の往来の内容が記載されています。詳しくは、この書の最後に東夷伝の全文（筆者訳）を掲載していますので一読ください。これまでの邪馬台国論争は第一部の帯方郡から女王国までの行程の解釈により争われてきました。

2．これまでの邪馬台国論争のあらまし

邪馬台国の研究は江戸時代からはじまりました。儒学者で医者でもあった松下見林はその著書「異称日本伝」に「卑弥呼は神功皇后《じんぐうこうごう》の御名息長足姫尊《おきながたらしひめみこ》を故れ訛りて然か言う」と書いて

います。新井白石は「倭王卑弥呼とみへしは日女子と申せしことを彼国の音をもってしるせしなるべし」さらに「倭女王奉献の事見へしは神功皇后とみへけり」と、邪馬台国畿内説を唱えました。しかし新井白石は後に筑後の国山門説に変えています。本居宣長は、熊襲《くまそ》の類が神功皇后の名をかたって朝見したものである。と偽称《ぎしょう》説を唱えました。明治に入ると東京帝国大学の白鳥庫吉が近畿説を唱えたのに対し京都帝国大学の内藤湖南は九州説を唱え激しく論争したのは有名です。その後各陣営は各々の説を補強し短里説や放射読み、邪馬台国東遷説などを打ち出しました。１９８０年代になると考古遺物の出土状況によって各説のさらなる補強を図ってきました。しかし、客観的にこれらの説を俯瞰《ふかん》してみると致命的ともいえる初歩的ミスを犯していることに気づきます。彼ら学者は東アジアの正確な地図を頭に描くことができます。倭人伝の内容をこの地図と照らし合わせ、地図との矛盾点を是正するために考え出されたのが、方向の修正であり短里であり放射読み等です。しかし、陳寿の頭の中には東アジアの正確な地図などなく、特に日本列島（倭国）に関してはまったく白紙であったでしょう。中国大陸の地図でさえ大まかな地図しか描くことができなかったでしょう。陳寿は倭国を描写するのに当時手に入る資料をつなぎ合わせるしか方法を持っていませんでした。結果は、彼は倭国の位置や規模等を明確に描くことができませんでした。その為、彼は倭人伝の随所に倭国の位置に関する情報を挿入しています。例えば「女王国の東、海を渡ること千里、また国有り、皆倭種なり」「その道理を計るに、当に会稽の東治の東にあるべし。」などがそれです。倭人伝以外は、例えば「扶余《ふよ》は長城の北、玄菟《げんと》を去ること千里、南は高句麗、東は挹婁《ゆうろう》、西は鮮卑と接し、北に弱水あり、方二千里ばかり」と、その他の国も同様に書き出しはすべて位置関係ですが、倭人伝だけが「倭人は帯方の東南海にあり……」で始まっているのは、倭国の位置関係がよく判らなかったからです。位置関係が不明確なまま手探りで書かれた倭人伝を、正確な地図でもって考証してきた学者と陳寿とのスタンスのギャップはあまりにも大きすぎます。これが致命的ともいえる初歩的ミスであり、この延長線上でいくら議論したところで邪馬台国は見えてこないのではないでしょうか。倭人伝を読み解くには、まず陳寿の生きた時代と、彼の思考を理解することから始めなければならないと考えます。

放射読み

榎本一雄氏の説で、伊都国までは方向・距離・国名の順で表記されていたのが、奴国からは方向・国名・距離となっていることから、伊都国を起点としているとする考え。

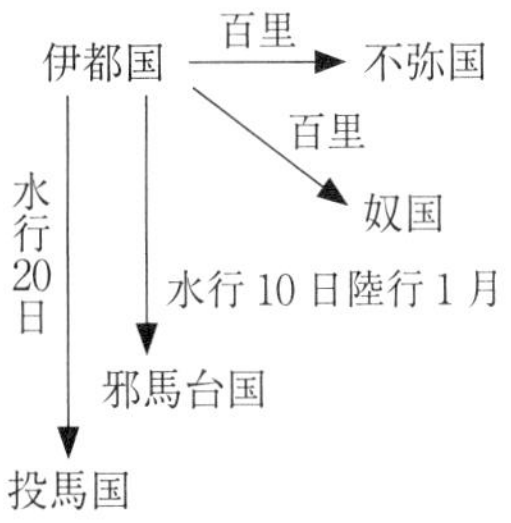

3．文章構成を理解する

対馬＝投馬論を検証するにあたり、倭人伝の第一部の訳文で内容を理解することから始めましょう。あなたが日本から遠く離れた国の農村で育ったまったく日本に関する予備知識がないと仮定し、この文章から狗邪韓国以降の地理的位置を頭に描いてください。どのような倭国が描けるでしょうか。

倭人は帯方の東南大海の中にあり、山島に依りて国邑《くにゆう》をなす。もと百余国、漢の時朝《ちょう》見《けん》する者あり。今使訳通ずる所三十国なり。郡より倭にいくには、海岸に循《しやが》って水行し韓国を歴て、あるいは南へあるいは東へ、其の北岸の狗邪韓国に到る七千余里、始めて一海を渡ること千余里で、対馬国に至る。その大官を卑狗といい、副を卑奴母離《ひなもり》という。居る所は絶島で、方四百里ばかりなり。土地は山険しく深林多く道路は禽路の如し。千余戸あり、良田なく海物を食して自活し、船に乗って南北にゆき市糴《してき》する。又南に一海を渡ること千余里、名づけて瀚海《かんかい》といい、一大国に至る。官をまた卑狗といい、副を卑奴母離という。方三百里ばかり、竹木・叢林多く、三千ばかりの家あり。やや田地あり、田を耕すもなお食するに足らず、亦た南北に市糴する。又一海を渡る千余里末盧国に至る。四千余戸あり。山海に沿って住む。草木茂盛し、行くに前人を見ず。好んで魚蝮を捕え、水深浅となく、皆沈没して之を取る。東南陸行五百里にして、伊都国に到る。官を爾支といい、副を泄謨觚・柄渠觚という。千余戸あり。世々王あり、皆女王国に統属する。郡使の往来常に駐まる所なり。東南奴国に至る百里。官を兕馬觚といい、副を卑奴母離という。二万余戸あり、東行不弥国に至る百里。官を多謨といい、副を卑奴母離という。千余家あり。南投馬国に至る、水行二十日。官を弥弥といい、副を弥弥那利という五万余戸あり。南邪馬台国に至る、女王の都とする所、水行十日陸行一月。官に伊支馬あり、次を弥馬升といい、次を弥馬獲支といい、次を奴佳鞮という。七万余戸ばかりあり。女王国より北は、その戸数・道里は略載することができるが、その余の旁国は遠く絶たりて、詳しく知ることができない。次に斯馬国あり、次に巳百支国あり、次に伊邪国あり、次に都支国あり、次に弥奴国あり、次に好古都国あり、次に不呼国あり、次に姐奴国あり、次に対蘇国あり、次に蘇奴国あり、次に呼邑国あり、次に華奴蘇奴国あり、次に鬼国あり、次に為吾国あり、次に鬼奴国あり、次に邪馬国あり、次に躬臣国あり、次に巴利国あり、次に支惟国あり、次に烏奴国あり、次に奴国あり。これが女王の境界の尽きる所である。その南に狗奴国あり、男子を王となす。その官に狗古智卑狗あり。女王に属さず。郡より女王国に至る万二千余里。

読者の皆さんはどのような地図が描けたでしょうか。ある人は邪馬台国が沖縄あたりにあるとし、またある人は九州がずうっと南まで長い地図を描いたのではないでしょうか。私は「あなたが日本に関する予備知識がないと仮定して」と言いましたが、それは無理な話で皆さんの頭の中には消すことのできない九州の地図が存在しています。ですから意識しなくともその地図をベースに考えてしまいます。私も例外ではありません。過去に邪馬台国関連の書籍を出版した人たちもおそらく同じでしょう。そして自己に都合よく解釈し、ある人は方向を変更し、月を日の誤りであるとし、短里だ放射読みだと叫び、その結果百家争鳴ともいえる邪馬台国の比定地が続出しました。何かおかしいですね。私が皆さんに提示した文章は日本語訳です。皆さんはこの文章を現代日本語の文法及び文章構成法で読んでいます。しかし、約1700年前に編纂された三国志は現代中国語や日本語と文章構成も用語の意味も文法も当然まったく同じではありません。ここに落とし穴があったのです。私が初めて読んだ魏志倭人伝は日本語訳ではなく、中国で偶然購入した「中華経典普及文庫　三国志」の中に収められている倭人伝でした。この本は簡体字（現代中国の漢字）で書かれ、しかも横書きで句読点があり改行もあり読みやすくしています。高卒程度の学力のある中国人であれば比較的すらすらと読めるようですが、当時の私の中国語では、やはり辞書を片手に読み進めるしかありませんでした。そのことが逆に魏志倭人伝を読み解く上で幸いしたようです。原典（白文）は縦書きで句読点も改行もなくびっしりと書かれています。そして可能な限り文字数を減らす工夫が施されています。文中の氏名は名だけで表示し、主語を省いたり、文の途中に前文の説明や、後の文章のための状況説明を挿入しています。ですから、先ほどの日本語訳も主語は何か、そして説明文は何に対しての説明文かを注意して読む必要があります。

用語も魏晋時代の意味を理解しなければなりません。倭人伝の第一部でキーになる言葉として「国」「王」「可」「里」「道里」「旁国」「略載」「都」「次」などがあります。第二・三部では

「共立」「假授」「拝假」及び「魏の官名」などです。これらの言葉の概念や用法はおいおい説明していきます。

『魏志』と『魏略』の比較検討

魏志倭人伝の第一部の構文を理解し易くするために里数・方向と国名だけを抜粋し、句読点ではなく文字の間に空欄を設けると次のようになります。敢えて原文で検証していきます。意味は解らずとも文字だけを見て頂きたい。

> 従郡至倭　歴韓国　**到**其北岸狗邪韓国　七千余里　始度一海千余里至対馬国　**又**南渡一海千余里　至一大国　**又**渡一海　千余里至末盧国　東南陸行五百里　**到**伊都国　東南至奴国百里　東行至不弥国百里　南至投馬国　水行二十日　南至邪馬壹国　女王之所都　水行十日陸行一月　自女王国以北　其戸数道里可得略載　其余旁国遠絶不可得詳　次有斯馬国…この間19国を記載……次有奴国　此女王境界所盡　其南有狗奴国不属女王　自郡至女王国万二千余里

同様に、『魏略』の関係部分を記載すると次のようになります。

> 従帯方至倭　歴韓国　到狗邪韓国　七千余里　始渡一海千余里至対馬国　南度海至一支

国　又度海千余里至末盧国　東南五百里　到伊都国　女王之南　又有狗奴国　不属女王也
自帯方至女王国万二千余里

両者を見比べると、魏志にあって魏略にない部分が三か所あります。
①伊都国以降の国（奴国・不弥国・投馬国・邪馬台国）の記載がない。
②「自女王国以北、其戸数道里可得略載…」がない。
③次から始まる21か国の記載と、「此女王境界所盡」がない。
魏志倭人伝と魏略の逸文から見えてくるのは、魏志は魏略をベースに①②③を追加しており、魏志倭人伝の文章は五分割できることです。（近年、魏志と魏略はほぼ同時期に編纂されたと考えられているが、ここでは従来の説をとる）
即ち(1)から(5)に分割できる。

(1)従郡至倭　歴韓国　到其北岸狗邪韓国　七千余里　始度一海千余里至対馬国　又南渡一海千余里　至一大国　又渡一海　千余里至末盧国　東南陸行五百里　到伊都国　東南至奴国百里　東行至不弥国百里
(2)南至投馬国　水行二十日　南至邪馬壹国　女王之所都　水行十日陸行一月
(3)自女王国以北　其戸数道里可得略載　其余旁国遠絶不可得詳
(4)次有斯馬国、…この間19国を記載……次有奴国　此女王境界所盡　其南有狗奴国不属女王
(5)自郡至女王国万二千余里

(1)は、魏使が帯方郡から伊都国に至るまでの行程と里数を示しています。そして伊都国から奴国・不弥国までの方向と距離を示しています。伊都国から奴国・不弥国までは、伊都国を起点とした放射読みしようが直線読みしようが大した問題ではありません。不弥国は「東行」とあるので、伊都国起点でしょう。

(2)は、帯方郡から邪馬台国までに要した日数を表しています。

(3)は、「女王国より北の国はその戸数と道里は略載できたが、その余の旁国は遠くにあるのでよく判らない。」とありますが、その余の旁国とはその後に出てくる21か国のことではありません。その余の旁国とは狗奴国のことです。

(4)は、女王国に含まれる国を記載しています。これらの国は魏使が女王に会うために通った道中の近辺にあり、(1)で出てくる奴国は女王国の北の界であり、最後に出てくる奴国は女王の南の界である。従って女王の国とは奴国のことであり、その南に狗奴国があります。

(5)は文字どおり、帯方郡から女王までの距離里数です。

(2)、(3)、(4)がなぜこのように読めるかは後で説明します。

文章全体の構成は非常に簡潔明瞭ですが、元来句読点がないため判りにくくなっています。陳寿はこの簡潔な文章に魏使の行程における各国間の距離・戸数と、旅行に要した日数、女王国の大まかな規模と位置と狗奴国、郡から女王国までの距離を詰め込んでいます。そして、旅行に要した日数は60日で、その距離は一万二千里だと書いているのです。

魏略：魚豢により魏を中心に書かれた歴史書。すでに散逸しており全容は判らないが三国志に裴松之注が多く残っている。倭については「その俗正歳と四季を知らず、ただ春耕と秋収で年紀を計る」だけだが、烏丸・鮮卑では計約２０００字、西戎伝約３０００字の入注がある。また、大宰府天満宮にのみ残っている唐代の「翰苑」という書物には倭に関する逸文が多く記載されている。

この文章を更に理解する方法があります。⑵投馬国と邪馬台国までの日程と、⑶の文章を外して読めばよく判ります。⑵と⑶は後で挿入したことも理解できます。⑵と⑶を外して読むと、「郡から倭に至るには、船で狗奴韓国・対馬・壱岐を経て末盧に着く、その後陸を行くと伊都国に着く。伊都国から奴国と不弥国は各々百里の距離にある。次に20か国があり女王の南の界である奴国がある。その南は狗奴国で女王に属していない。郡から女王国までの距離は一万二千里。」

陳寿はこの簡潔な文章に、⑵と⑶を挿入したため文章全体が判りにくくなり、色んな解釈を生む原因となったのです。後で出てくる「奴国」は「〇〇奴国」の誤りではないかとの意見もありますが、魏志をベースに書かれた後漢書に「奴国は倭国の極南界なり」とあり、決して誤りではありません。

以上を図にすると、

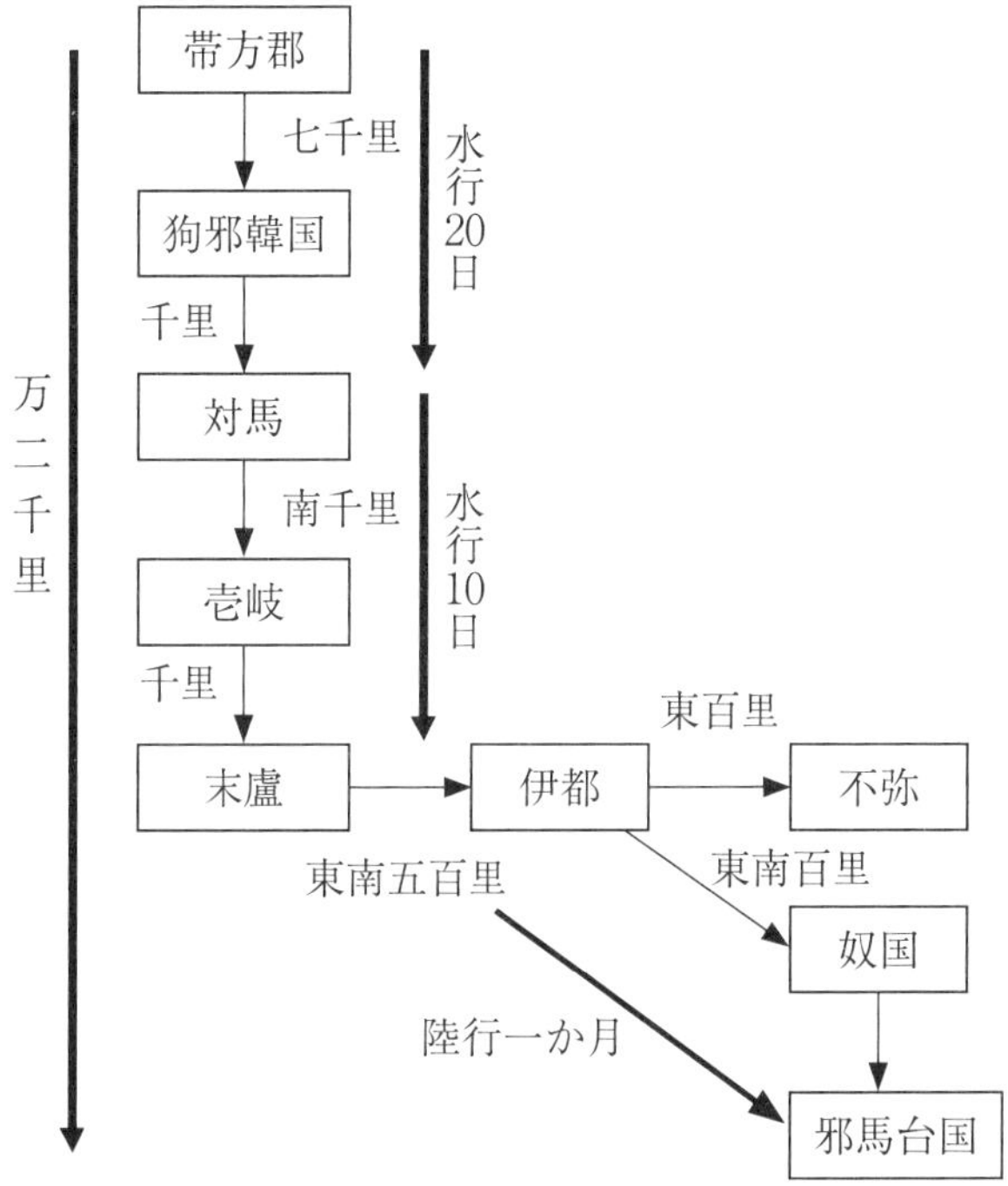

この内容を見て読者の方は従来の説とずいぶん違うことに違和感を覚えたかもしれません。
これから、なぜこのような図になるのか証明していきます。

倭人伝の文面を表にすると以下のようになります。この表をもとに立証していきましょう。

行程	水行・陸行	方向	距離	到と至	又	魏略
郡→狗邪韓国①	水行	乍南乍東	七千余里	到		
①→対馬国②	渡海	−	千余里	至		対馬国とある
②→壱岐国③	渡海	南	千余里	至	又	一支国とある。又はない
③→末盧国④	渡	−	千余里	至	又	
④→伊都国⑤	陸行	東南	五百里	到		
⑤→奴国⑥	−	東南	百里	至		記載なし
⑤or⑥→不弥国	行	東	百里	至		記載なし
?→投馬国	水行	南	二十日	至		記載なし
?→邪馬台国	水行・陸行	南	十日・一月	至		記載なし
郡→女王			一万二千里			

4. 里数について

里数に関しては、魏晋時代の一里が434メートルだそうです。これで計算すると一万二千里はおよそ5200キロメートルと途方もない遠距離になります。そこで魏晋時代には短里76メートルほどがあったという説を見かけますが、これは倭人伝に記されている里数をキロメートルに換算しようとするからおかしな議論になっているのです。現代人は正確な地図を理解しています。この正確な知識でもって倭人伝の里数を理解しようと努力しますが、魏晋時代には距離の単位はあくまでも「里」であり、正確な地図などありませんでした。ですからキロメートル換算して議論しても無意味だと言えます。我々も魏晋時代と同様に里数でもって思考する必要があります。

この万二千里は魚豢《ぎょかん》の『魏略』にも万二千里は記載されており陳寿と魚豢が利用した原資料に万二千里が記録されていたことが解ります。決して陳寿の創作ではありません。唐代に三国志の注を書いた裴松之《はいしょうし》も近年盧弼《ろひつ》の編纂した『三国志集解《さんごくししっかい》』にも里数に関する注釈はありません。どちらも、この万二千里が意味するところを理解していたのでしょう。

魏志倭人伝には、距離の単位として「歩」と「里」が出てくる。「歩」とは、左右の足を交互に出した距離で現在我々が使用している「二歩」にあたる。秦漢の時代は「一歩は六尺」で「尺」とは肘と手の間の骨を尺骨と言いこの長さが「尺」でした。漢の時代の「尺」は中国の学者によれば、0・231メートルだそうです。そうすると「一歩」は1・386メートルになります。
「里」は元来距離を表す単位ではなく面積を表していたようです。距離を表すようになったのは十里の土地の一辺を十里というようになったのが始まりです。『周礼　地官　小使徒』には「六尺為歩　歩百為畮　畮百為夫　夫三為屋　屋三為井　井十為通　通十為成　成百井　三百家」とあり、「里とは通のことで、長さ2井と5井の長方形を里といった。秦の時代では里は基本面積単位であったが、長さの単位としたのは、この十里（10井四方）の一辺上の道路の長さを十里とした。」とある。右の中国文を現在のメートル法で表すと、「一歩＝1・386メートル、晦＝138．6メートル　夫＝138・6メートル×138・6メートル　井＝415・8メートル×415．8メートル　通＝里＝831・6メートル×2079メートルとなり、10里は4158メートル×4158メートル　長さの一里は415・8メートルと算出できる。また、魏晋時代の「尺」は0・2412メートルという。これで計算すると魏晋時代の一里は434・16メートルとなる。

短里：測量の専門家である谷本茂氏は、周代の天台算術書である『周髀算経』を研究する中で、周代の一里は76～77センチメートルであることを見出されたという。

倭人伝は最初に郡からの行程を書き、郡から女王国までの距離を一万二千里としたのには理由がありました。むしろ一万二千里は絶対に必要な距離であり、一万二千里あったので倭人伝が2000字という多くの字数を割いて収録されたのです。帯方郡から女王国までの実際の距離はおそらくこの五分の一の二千二百里程度ですのでこの距離では意味がないのです。魏使が一万二千里と報告した理由は推測するしかありませんが「破賊文書《はぞくぶんしょ》」であったとも考えられます。魏晋時代戦果を往々十倍に拡大して報告する習慣があり、魏志巻十の国淵伝にも「破賊文書、旧以一為十、及淵上首級、如其実数」とあり、また裴松之は曹操が袁紹を撃破した官渡の戦いで斬首凡《おおよ》そ七万とあるのは七千人であろうと言っています。

私は魏の使節が自らの功績を帯方郡に過大に報告し、帯方郡の太守は司馬懿《しばい》におもねってそのまま朝廷に報告したと考えています。

東夷伝の冒頭に陳寿は次のように書いています。

「漢書には、〝東に行けば海に至り、西に行けば砂漠につく〟と書いている。その九服の制は得ることができると言う。しかし、荒域の外であり、何度も通訳を重ねてたどり着くのは、足跡も轍《わだち》もない所で、まだ知られていないその国の風俗は異なったものである。眺め渡せば、西戎《せいじゅう》は白環の献があり、東夷は粛慎《しゅくしん》の貢《みつ》ぎがあり、どちらも稀な事であり、その遠いことも同じである。漢は張騫《ちょうけん》を西域に遣わし、河の源を究め、諸国を遍歴し、遂には都護《とご》を置いて支配した。その後西域の事情は知られるようになり漢書に詳しく記載された。魏が興り、総てを西域のことは知り尽くした訳ではないが、その大国である亀兹《くじ》、于窴《うてん》、康居《こうきょ》、烏孫《うそん》、疏勒《そろく》、月氏、鄯善《ぜんぜん》、車師《しゃし》は漢に属していた。朝貢のない年がなかったのも、漢の時代の事である。そして公孫淵まで三世代が遼東にあり、天子はその絶域のため、海外の事を任せたので、遂に東夷とは隔絶し、諸国と通じることが出来なくなった。景初年間に、軍隊を派遣して、公孫淵を誅し、また軍を密かに海に浮かばせ、楽浪・帯方郡を収め、その後安定したので東夷は屈服した。その後高句麗が背反したのでまた軍を派遣してこれを討ち、はるか遠くまで追及し、烏丸、骨都、沃沮《よくそ》を過ぎ粛慎《しゅくしん》の庭を踏破し、東に大海を臨んだ。長老は異面の人ありと言う。最近そこに出かけ、諸国を巡視して、その法と俗、大小の区別、各々有無と名称を採取し、紀に詳細を記録する事が出来た。夷荻の国ではあるが、俎豆《そとう》（祭器）の形が残っている。中国は礼を失い、四夷に信を求めるのと同じである。故にその国を撰し、その同異を並べ、前史の不備を補う。」

古来中国では、千里四方の王畿を中心に、その外500里ごとに一服として分けた九つの区域を設け九服と言いました。その九服の外を「荒域」と言い、支配できないエリアと考えられていました。荒域は王城の中心から五千里の外です。荒域の事情については漢の時代には西域の事情が良く分かるようになり漢書や史記に記載されましたが、東の果ての東夷については記述が有りませんでした。この魏志でそれを記述し前史の不備を補うと書いています。帯方郡は九服の内側にありますが、倭国は帯方郡からさらに一万二千里あり（実際の距離はそれほど遠くない）、しかも倭国は国土が広く、人口も非常に多いように記載した第一の理由は、まず漢書の西域伝に記載された各国が長安からそれらの王城の距離が殆ど一万二千里と記載されており、倭国までの距離も魏の領土である帯方郡から一万二千里である必要がありました。それは漢から禅譲された魏にとって是非とも必要な距離と言えます。それでやっと「前史の不備を補う」ことができました。漢書には安息国（パルテリア）までは万一千四百里とあり、それ以外に三国も万二千里とあります。また史記の大宛列伝には十三年の歳月をかけて大月氏国まで行った張騫の報告が載っており、大宛国まで一万里、大宛国から大月氏国まで二、三千里と書かれています。

大月氏国が魏に朝貢したのは、倭国は非常に遠くにあり、領土が広く、人口も多いことが必要でした。そのためには、倭国は非常に遠くにあり、領土が広く、人口も多いことが必要でした。大月氏国が魏に朝貢したのは、司馬懿の政敵であった曹爽の父親の曹真の功績であり、倭国が魏に朝貢したのは司馬懿の功績でし

ガナ）万二千五百五十里、大月氏国（バクトリア）万一千六百里とあり、それ以外に三国も万二千里とあります。

第二の理由は、司馬懿の功績を正当に評価するためには、大月氏国に与えた「親魏大月氏王」と「親魏倭王」の称号の釣り合いを取る必要がありました。大月氏国が魏に朝貢したのは、司馬

た。司馬懿の孫の司馬炎が魏より禅譲をうけた形で晋を建国しました。司馬懿は建国の父であり宣帝の諡（いみな）を追賜されています。

陳寿は一万二千里のために、韓は「方可四千里」と書くことで帯方郡から狗邪韓国までの距離七千里の妥当性を示し、狗邪韓国から伊都国までの距離を三千五百里、残り千五百里を伊都国から女王の住む所（都）だと暗に提示しています。唐時代の官制の行政法典である「唐六典」には「官人の公務出張基準は一日五十里」と規定されています。司馬懿が公孫淵を攻撃した時往きに百日としたのを勘案すれば魏晋時代も同じだったと考えられます。50里は魏晋の一里434メートルで換算すれば約22キロメートルになり、悪路で荷物を担いでいても6〜7時間の道のりです。伊都国から女王の住む所まで道々調査しながら陸路を歩いたので千五百里は30日の行程だと陳寿は言っているのです。実際に要した日数は関係ありません。晋の王族が満足すればそれでよかったのです。

この30日は「南へ水行十日陸行一か月で邪馬台国に至る」の、陸行一か月と符合します。

また、陳寿は「計其道里、当在会稽東冶之東」（その距離を計ると、会稽・東冶の東にあたる）と書いています。帯方郡から女王の都（邪馬台国）までの距離、一万二千里が会稽東冶の東にあたると補足しているのです。当然、中国大陸の道里はほぼ記録されていて洛陽から北の遼東までの里数も会稽までの里数も判っていました。陳寿と同時期の裴秀（はいしゅう）の地図（禹貢地域図（うこうちいき ず）はすでに散逸して一部しか存在せず倭国の境域の地図も含まれており、そこには距離も書かれていました。陳寿はまた「女王国東渡海一千里、復有国皆倭種」と書いています。これら倭の位置関係が後の地図に大きな影響を及ぼしたのです。現存する最も古い古地図に元の時代に李氏朝鮮で作成された「混一疆理歴代国都之図《こんいちきょうりれきだいこくとのず》」があります。この地図を見ると日本列島は九州が最も北にあり南にずうっと長く連なり、南の端は台湾と殆ど同じ緯度になっています。女王の南に狗奴国があるので倭国のある島はさらに南まで続いていると解釈したようです。

禹貢地域図

271年頃に、裴秀により作成された《禹貢地域図》18編で、中国最古の地図集といわれ、序言に地図製作に関する6原則が書かれている。即ち有名な〝製図六体〟で、中国伝統の地図（平面測量手書き地図）の理論的基礎となった。《禹貢地域図》は歴代王朝の境域の歴史地図集であり、現在知られている中国第一級の歴史地図集。図集は《禹貢》時代から西晋初年をカバーしており、古代の九州から西晋の十六州を包括し、州以下の郡・国・県・邑及びその境界線、歴史的重大事件の発生地、水陸交通路線や、山脈・海洋・河川・平原・湖などの自然要素も含まれる。

製図六体とは、分率（距離の比例尺）、准望（方位関係）、道里（二地点間の距離）高下（相対的な高低）、方邪（地面の起伏）、遷直（実地の高低起伏と図上の距離換算）

清代の学者胡渭は著書「禹貢錐指」に「道里は人跡経由の路の事にて此処より彼処に至る里数如何ほどかを謂うなり」と解説しており、「道里とはある地点からある地点までの距離を里数であらわすこと」といえる。

5. 至と到

倭人伝は「至」と「到」が使い分けされています。

まず、前半の邪馬台国までの行程を見ると、「到」の文字が使用されているのは、「到其北岸狗邪韓国」と「到伊都国」の二か所で、その他はすべて「至」の文字が使用されています。

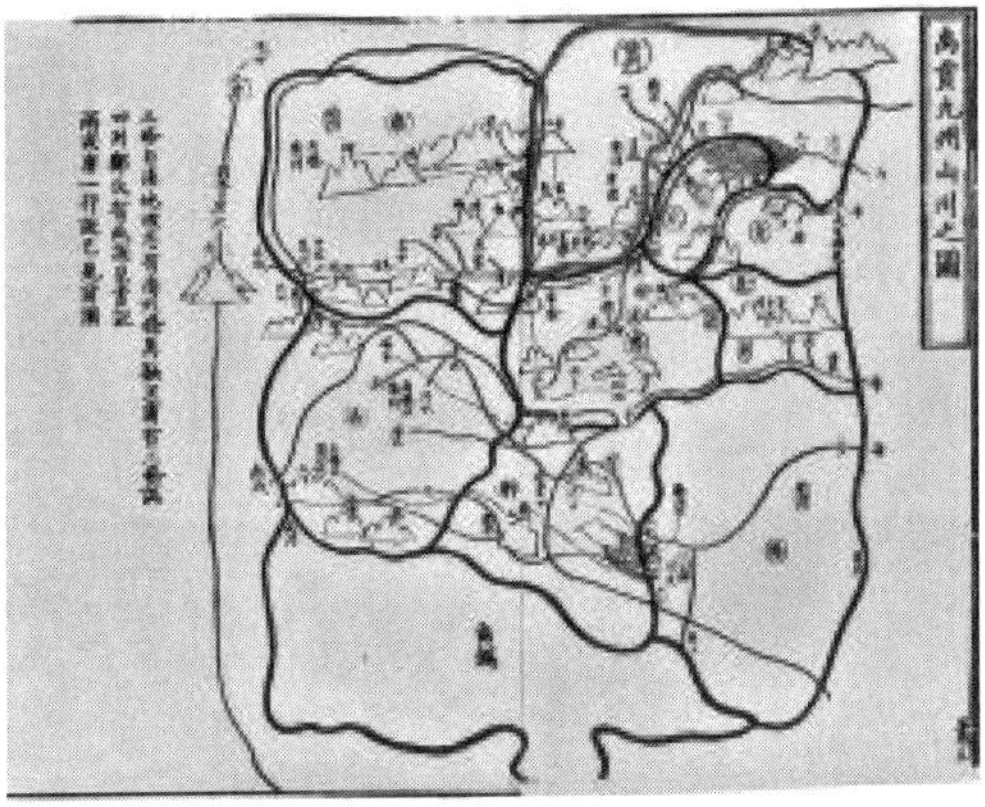

▲禹貢九州山川の図

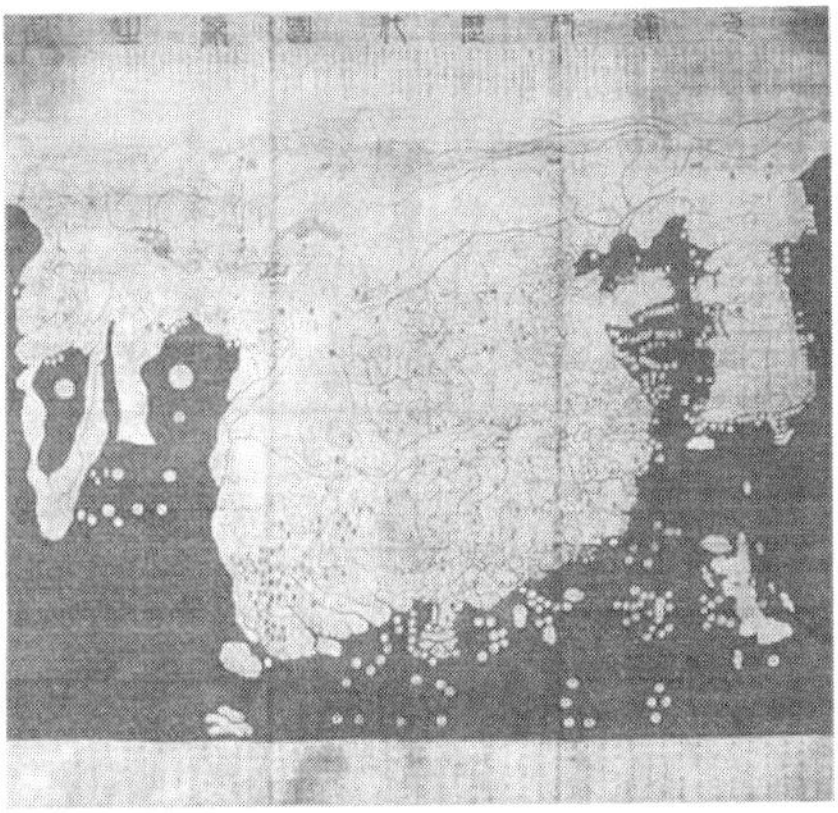

▲混一彊理歴代国都之図（龍谷版）

日本語ではどちらも「いたる」と読みますが、中国語では「到」（dao）「至」（zhi）と発音し若干ニュアンスが違います。最初の「至倭」は「倭に行く」の意味であり、その後「至対馬」「至一大」「至末盧」はその前に「始渡」か「又」が付いているので、経由地を表していることが判ります。この「至」は意味としては非常に軽くて「着く」程度の意味しかありません。これに対して「到」は、「目的地への到着」を表しています。倭人伝には別に「到」の文字を使用している箇所があります。それは「其八年太守王頎到官」（太守王頎官に到る。）です。この意味は明らかに「太守の王頎が帯方郡の官府に到着した。」です。「到」は詔書のなかにも見られます。それは、「奉《たてまつ》り以《もっ》て到」です。この「到」は魏の都である洛陽への到着を意味します。「到」の用法はこの時代「到着」を表していることは明らかです。ですから、最初の「到其北岸狗邪韓国」は「至倭」の最初の目的地である朝鮮半島側の倭の北岸へ到着したことを明確に記載しているのです。魏使はおそらく最初の目的地である「狗邪韓国」で長旅の疲れをいやし、食料を調達して積み込んだことでしょう。「倭」の船に乗り換えたか、「倭」の水先案内人を乗せて海を渡って北九州までたどり着いたと思われます。帯方郡から狗邪韓国までは朝鮮半島の沿岸を航行すればよかったのですが、狗邪韓国からは大海原に乗り出すためにこの海域を熟知した経験豊富な船乗りがいなければ無事に北九州へたどり着くことはできませんでした。次の目的地「到伊都国」はこの郡の使節の船旅の最終目的地が伊都国であることを表しています。「郡使往来常所駐」（郡使が行き来して常に駐在する所）とあるように、この地で荷下ろしをした後住まいを確保し、女王に会う準備をしたのでしょう。

至は用法として「鳥飛従高下至也」（鳥は高い所から下に至なり）とあり、『字林』には「至、到也」とあるが、『玉篇』には「至、来也」（至は来るなり）とあり、到の意味の用例として「至今」「自始至終」としている。

一方、到は、『説文』に「到、至也」とし、例として「朝発白帝、暮到江陵」（朝白帝を立ち、夕方に江陵に着く）とある。また、最近の辞書には、ある地点に達する：到達とあり、例として「火車到站了」（汽車が駅に到着した）とある。到は地理的に用い、至は時間的に用いるようです。また、至は来るなりとあるように、非常に軽い表現にも用いられたようです。


魏使の一行は皇帝の代理で倭国へ来たのですから当然少人数ではありません。魏の威光を示すためにきらびやかに着飾った軍隊と倭地を調査する人員も引き連れていたでしょう。彼らは住まいを確保するために自ら建てた可能性すらあります。卑弥呼に会うための道中は、正使・副使は当然徒歩ではありません。「馬・牛はいない」と記してあるのですから、帯方郡から豪華なかごを持ち込んだと考えられます。多くの贈物もあるので、「伊都国」に到着してから30日後に女王に会ったのでしょう。実際の行程は4～5日でも構わない訳です。隋の裴世清《はいせいせい》が難波津に到着して10日後に京についたのと同じです。

伊都国より後に記載されている各国の前にはすべて「至」の文字が使用されています。そしてそれまでの記述の順序が「方向・距離・国名」だったのが、奴国からは「方向・国名・距離」と順序が違います。これを理由に伊都国以降は伊都国を起点とした方向・距離だという、いわゆる「放射読み説」なるものがありますが、最初に提示した魏志と魏略の違いを思い出してください。魏略には「奴国から邪馬台国までの国名」が記載されていません。魏志は明らかに別の資料を用いたのです。資料が別だったために記載順序が違ったとも解釈できます。これには反論があり、梁書を根拠にしています。

「従帯方至倭、循海水行、歴韓国、乍東乍南、七千余里始度一海。海闊千余里、名瀚海、至一支国。又度一海千余里、名末盧国。又東南陸行五百里、至伊都国。又東南行百里、至奴国。又東行百里、至不弥国。又南水行二十日、至投馬国。又南水行十日、陸行一月日、至邪馬臺国、即倭王所居。」

梁書にはすべて「至」が使用されており、連続を表す「又」は魏書と異なり各国の前に使用されています。これを根拠にして、行程はすべて直線で目的地は邪馬台国だと言っています。

しかし、梁書は唐の時代に書かれたものであり三国志よりも三百年以上後の書物です。梁書の倭人伝は三国志の魏志もしくは魏略を参考に書かれたものであり、古代歴史書の常として参考にはするが完全な転記はありません。梁書の筆者である姚思廉（とうしれん）が邪馬台国までの行程にはするが完全な転記はありません。梁書の筆者である姚思廉が邪馬台国までの行程であると思い込んで書いたと理解できます。

また別の反論もあるでしょう。魏使が女王卑弥呼に会ったのなら最終目的地は「邪馬台国女王都之所」であり、なぜ邪馬台国に「至」の字を使用したのか。「至」だから魏使は邪馬台国へは行かず、女王卑弥呼にも会っていないのではないかとの反論です。倭人伝には「居処宮室楼観城柵厳設常有人持兵守衛」と女王の住まいをリアルに表現し、その墓を「大作冢径百歩」と表しており、こしかし、魏使は確かに女王卑弥呼に会っています。

れは間近で見聞しないと書けない内容を記録しています。

> 宮室とは中国の古代には、家屋の通称であり、後に帝王の宮殿を指すようになった。〈尓雅〉に〃宮謂之室、室謂之宮〃とあり、宮と室は同義語といえる。
> 楼観とは、楼殿のような高大な建築物を指す。
> 楼観でないかと考えられる遺跡が福岡県と佐賀県で発掘されている。佐賀県では吉野ヶ里、惣座、千塔山遺跡。福岡県では、隈、西小田、塚畑の各遺跡から出土しているという。
> 城柵とは、塀で囲んだ柵欄のことで、常に防御施設を指す。
> 邸閣とは、古代に役所に設置された穀物などを備蓄した倉庫。
> 魏志　曹植伝《謝賜穀表》に〃詔書念臣経用不足、以船河邸閣穀五千斛賜臣〃とある。

そして決定打が魏使の建中校尉悌儁《けんちゅうこういていしゅん》が「倭国に詣で倭王に拝假《はいか》した」と書いていることです。

「拝假」を拝と假を分けて読み、拝は拝む假は貢ぐなどと解釈して「直接会った」とする説を見かけますが、「拝假」は熟語であり古代の宮廷用語です。皇帝が印綬を授ける場合は当人を宮廷に呼んで直接授けるのが慣例ですが、何らかの事情で当人が都に来られない場合には、使者が出向いて「拝假」します。「拝假」とは「皇帝の代理で授ける」ことを言います。ですから皇帝の代理である魏使がわざわざ倭地まで赴いて「親魏倭王」の印綬《いんじゅ》と詔を携えて来たのですから会わない訳にはいきません。そして「倭王因使上表答謝恩詔」とあり、皇帝への礼状を魏使に託したと明記しています。「表」とは天子に差し出す書類のことであり、「上」は「奉《たてまつ》

る」の意味です。三国志には、かの有名な諸葛亮が北伐にあたり皇帝劉禅に差し出した「出師《すいし》の表」が記録されています。諸葛亮の武侯祠が四川省成都にあり、石板に彫られた出師の表が残っています。

ではなぜ邪馬台国に「至」の文字を用いたのでしょう。これは先に述べたように別の資料を用いたためであり、後で詳しく説明しますが、投馬国と邪馬台国の記載の主語は冒頭の「郡至倭国」であり、記載されている日数は「郡から倭国（女王の住む所）」すなわち「邪馬台国女王所之都」に着くまでに要した日数を表しています。このような、文章構成は正始八年の記事にも見られます。

建中校尉について

正始元年の記事には魏の使節として「建中校尉悌儁」が初めて倭国へ赴いています。景初二年の記事を読み解くためには、この役職が重要な鍵になります。まず「建中校尉」ですが、中国の歴史書の中でこの「建中校尉」が出てくるのは、魏志倭人伝だけです。しかし建中校尉は転記誤りでもなさそうです。中国に現存する古い硯に「太康五年建中校尉」の銘の入ったものがあります。太康五年は魏から禅譲された西晋の武帝（司馬炎）の時代で２８４年にあたります。正始八年が２４７年ですから37年後のことです。ですから、建中校尉という役職は魏の時代にも存在したと考えられますがどのような役職であったかは推測するしかありません。校尉とは部隊長のことであり、漢の時代には漢の精鋭部隊である北軍の部隊長に屯騎校尉、歩兵校尉等があり将軍の次席の地位でしたが、実質的に兵を擁したのは校尉であり、将軍は一定の兵を持っていなかったといいます。曹操も当初は校尉でした。三国時代になり、軍功のある者が大量に将軍職に取り立てられた結果、校尉は低級武官になってしまったようです。現在中国では「建中校尉」は「千人兵馬を擁する軍政両職の県長クラス」であったろうと解釈しています。倭人伝の文面では帯方郡守の弓遵が派遣したことになっていますが、校尉はあくまでも中央が任命する軍官ですが帯方郡に派遣された後太守に属したのでしょう。魏が初めて倭国に使節を派遣するにあたり、魏の威光を示すために中央から軍官である校尉を派遣したのです。当然、彼は部下である兵を多数連れて行ったと考えて間違いないでしょう。ですからこの書では正始元年の使節を魏使とした。呉が遼東の公孫淵のもとに使節を派遣したとき万の兵士を同行させたことを考慮に入れれば千人の兵を連れて行ったと考えても不思議ではありません。悌儁等の使節は伊都国へ直接向かうのではなく、末盧で下船し、徒歩で伊都国に行っています。悌儁もしくは副使が多くの兵士を伴い、威風堂々と末盧から行進し倭人を威圧した情景を思い浮かべることができるでしょう。倭国へ同行した兵士を伊都国に残して帰ったとすれば「一大率」の謎も理解できます。

6．方位と日数について

江戸時代から、邪馬台国の所在地に関して「九州説」と「近畿説」が対立してきました。しかし、どちらも論理的に説明できる決定打を欠き、更にご当地説が乱立して読者も嫌気がさしているのが実情でしょう。「近畿説」は投馬国と邪馬台国の方角が東の誤りとするが、それ以外の倭人伝で記述、例えば「女王国の東、海を渡る千里また国有り、皆倭種也」等に目をつむり、考古遺跡を持ち出して箸墓が卑弥呼の墓だと主張するに至ってはもはや地に落ちた観があります。

卑弥呼の時代から約400年後の608年に隋の使節裴世清は山東半島より百済に渡り、南に済州島を見ながら対馬に渡った。その後彼は壱岐に向かうのだが方向を「東至一支」と記録しています。実際の方向は魏志の記載どおり「南」なのに（実際は東南）彼はなぜ「東」と記載したのでしょうか。当然彼は渡航前に魏志を読んでいると思います。そして彼は「邪靡堆《やまと》に都する、すなわち魏志のいわゆる邪馬台国である」と大和を邪馬台国と理解しています。

魏志では魏の使者は、初め朝鮮半島に沿って南下し、その後東向きから南に向いたので、常に「南」の意識があった。裴世清は山東半島から「東」に向かって出発し、たぶん都斯麻国（対馬）へも「東」に向かったので、常に東へ向かっていると錯覚したのでしょう。壱岐からは竹斯（筑紫）に至り、東へいって秦王国を経てまた十余国を経て海岸（おそらく難波の津）に到着しています。

魏使は常に南へ南へと行った感覚が常にあり、裴世清は東へ東へと行った意識が強かったのでしょう。

裴世清ですら、南を東と記録したのですから、魏使が東を南と記録したのは何ら不思議はないというのが、近畿説の主張の一つです。

日本の古い記録に延喜式があります。この延喜式巻二十四には各地区が都に納めるべき租庸調の数字が載っています。各地区の名前の下に、往復に必要な日数が書かれています。「大宰府　上り二十七日　下り十四日　海路＝日」（おそらく30日）とあります。

裴世清が倭国に行ったのは7世紀の初頭であり、延喜式が完成したのは平安時代の10世紀前半です。10世紀でも日本では距離を日数で表していました。7世紀においても「夷人里数を知らず日で以て計る」でしたので、3世紀の卑弥呼の時代の倭人は明らかに距離を日数で言い表したと言い切れます。投馬国と邪馬台国までの距離を日数で郡使が記録したのは魏使が実際に行った経験による数値ではなく倭人からの聞き取りであると主張するのも近畿説です。

「禹貢地域図」を編纂した裴秀は魏晋の名臣であり、彼は陳寿と同時代に晋に仕えています。裴秀は２７１年に食中毒と思われる症状で47歳で死去しているので、陳寿は面識がなかったかもしれませんが「禹貢地域図」は見ているでしょう。その序言に製図六体と呼ばれる地図製作に関する6原則が書かれています。その六原則の一つに「道里《どうり》」があり「二地点間の距離であり里数であらわす」が中国では定説になっています。陳寿も裴秀の道理の概念も理解していたと考えて間違いないでしょう。従って、「日数」は「道里」ではないと断言できます。「至投馬国水行二十日、至邪馬台国水行十日陸行一月」の日数は道里ではありません。

7. 旁国、道里、次の解釈

第一部の記事でキーとなる「自女王国以北　其戸数道里可得略載　其余旁国遠絶不可得詳」は中国でよく使用される「承上啓下」手法であり、文字どおり上の文章を下につなげる手法です。前半の「女王国より北はその道里と戸数は略載できる」とは、この文章の前に記載されている対馬から邪馬台国を指していると読めますがはたしてそうでしょうか。「略載」とは大まか（簡単）に記載を言い、「道里」とはすでに説明したように「二点間の里数」であり、日数は道里ではありません。不弥国までは道里と戸数はありますが、投馬国と邪馬台国には戸数はあるが道里の記載がありません。ですからこの文章の「以北」の対象は不弥国までであり投馬国と邪馬台国は含まれません。では陳寿はなぜ投馬国と邪馬台国をこの位置に挿入したかが問題になります。冒頭の「従郡至倭」の最終目的地は伊都国であったことはすでに「至と到」で述べました。そして、この「倭」とは海洋民族である「倭」であって、女王の倭国のことではありません。陳寿は伊都国に関して多くの情報を記録しています。

①代々王があり皆女王国に統属する。
②郡使が常に留まるところ。
③女王国の以北に特に一大率を置き、常に伊都国を治す。

伊都国は女王国に統属（統轄・隷属）していますが、魏（郡）使が「倭」の九州の拠点である伊都国に帯方郡の駐在と一大率を置き実質的に伊都国を治めていると陳寿は言っています。陳寿が魏略に記載のない奴国と不弥国を記載したのは、郡使の調査報告にあったからであり、投馬国と邪馬台国を追加したのは、邪馬台国が卑弥呼の住まい即ち魏志が卑弥呼に会った場所だからです。そして、日数で表示したのは、本文の最後の「自郡至女王国万二千里」と対応する魏使が帯方郡を出発して女王卑弥呼に会うまでに要した日数を示しています。これは同じ文「自郡至女王国」を重複回避させているのです。おそらく晋の時代の人はこの文（投馬国と邪馬台国）の意味するところを理解していたと思われます。しかし、時代を経るに従いこの文章の本来の意図が判らなくなってきたようです。

次に「其余の旁国は遠く絶たって詳しく知ることができない」は、この文章の後に記されている国の事を言っています。「旁国」の「旁」とは古代には「傍」と同じで、《説文》には「傍、近也」《広韵》には「傍、側也」とあり、「旁国」とは近くの国・側の国すなわち「隣国」のことを指しています。この「旁国」とは、はたして「次」から始まる21か国のことでしょうか。倭人伝には「次」の用法が二か所あります。まず官名に「次に○○あり」とあり、この「次」は明らかに序列を表しています。ではその後に出てくる「次有斯馬国次有……」の「次」はどのような意味でしょう。まず辞書に「順序」とあります。それ以外に「行軍において一箇所に三泊以上停留することを指す。軍隊の設営も指す。」また「遠くに行く時留まる所」とあります。「次」から始まる国は21か国記載されています。そして最後に「次有奴国此女王境界所尽」とあります。韓伝には馬韓に50か国、辰韓と弁辰で24か国の記載がありますが、どちらも国名を単に羅列しているだけで位置関係は判りません。しかし倭国においては順序を記載しています。そして「行軍において一箇所に三宿以上停留することを指す」を考慮するなら、魏使が女王に会うために行軍した道筋にこれらの国があると理解できます。これらの国は女王国を構成している地区（集落）と考えられます。そして最初の「次」はどの国の次かと言えば伊都国です。その理由は魏使は伊都国をベースキャンプにしており、伊都国から奴国・不弥国へは調査に行っただけだからです。

では、その余の「旁国」とはどの国を指すのでしょうか。それは「女王の境界の尽きる所」の南にある狗奴国を指しています。なぜなら狗奴国には戸数も道里も記載がありません。

8. 邪馬台国と投馬国

(1) 邪馬台国とは

現存する三国志の魏志倭人伝で最も古い宋代の版本には邪馬台国は「邪馬壹國」と書かれています。「壹」は「壱」の旧漢字で「一」の意味です。一方、『後漢書』『隋書』『梁書』では「邪馬臺國」（臺は台の旧漢字）となっており、これらは現存するもっとも古い宋代の『三国志』より古い写本を引用していると考えられています。そこで、現在では岩波文庫版では「邪馬壱国」とし、注で「邪馬台国の誤りとするのが定説であったが、近ごろ邪馬壱（ヤマイ）説もでた」とあります。そして「壱与」は「台与の誤りであろう。梁書・北史には台与としている」と追記しています。結局、岩波文庫版は「邪馬壱国」「台与」が正しいと言っているようです。

当時どのように発音していたかは今となっては正確には分かっていません。現代中国語では、「邪」は一般にye（イエ）またはxie（シエ）と発音するが、例外としてya（ヤ）とも発音することがあります。それは固有名詞の「琅琊台《ろうやたい》」であり、秦の始皇帝が封禅《ほうぜん》を行ったといわれる山東省の地名で、この琊は古代には邪と作りya（ヤ）と発音する。馬は、ma（マ）であり、日本語の馬「うま」も梅「うめ」も「nma」「nme」からきています。そして、台は、現在tai（タイ）と一般に発音されるが、古代には例外としてyi（イ）の発音もあった。壱もyi（イ）であり、「台」も「壱」もどちらも（イ）と発音できます。台を（イ）と発音する場合の字意は自らを謙《へりくだ》る場合に用いられ、自らの名前の前に「台」をつけます。ですから、やはり「壱与」の「壱」が「台」の誤りで、紹熙版の「壱与」は間違えており「台与」が正しいと考えられるのです。現在中国で目上の人に自分のことを「小」をつけて言うのを時たま見かけます。例えば、張さんが「小張」（xiao zhang）というように。これと同じで「与」さんが目上の人に「台与」（yi yu）と言えば自らをへりくだった話し方になります。「台与」はおそらく魏使が付けた名前でしょう。私は、「イヨ」も「ヤマタイ」のどちらも「台」の字が本来の字だったと考えています。そして、邪馬台は（ヤマタイ）であり、台与は（イヨ）と読む。紹熙本ではどちらも「壹」の字を使用していますが、どちらも製版（木版）時の誤刻であり、やはり元はどちらも「臺」が正しかったと考えて間違いないと思います。

中国の古代では「台」の本来の意味は「土で方形に築いた高くて平らな建築物」で、《説文》

に「台、四方を見渡せる高い所」とあります。中国の古代には琅琊県・琅琊郡・琅琊国があり現在の臨沂・諸城・青島が含まれていました。琅琊台はこの琅琊の中の一部でした。

筆者は2006年に琅琊台に行ったことがあります。琅琊台は海辺に面した小高い丘で二千年以前に人の手で作られたと言われています。高さが180メートルほどあり、周囲は7・5キロメートル、山頂が平たんになっており多くの建造物があったと記憶しています。どうも、当初は琅琊台ような建築物を「台」と言ったようです。

古代中国では、この用法以外にもう一つありました。倭人伝には「台」の文字が邪馬台国以外に一字でてきます。それは倭人伝の最後に、「因詣台」で、この「台」は「古代の中央官署名」で、漢代には主に尚書省を「台省」と言い、その官員を「台官」といったようです。

三国時代に「台」の字を地名に用いた例はなく、浙江省の「台州」は7世紀に台州の境域に天台山があることにより「台州」と改名したようです。「台湾」も三国時代は存在すら明確でなく、明の時代になって正式に「台湾」と呼ぶようになったと辞典にあります。

魏晋時代には「台」の用法は明確であり、陳寿は明らかに、「邪馬（国）の台」もしくは「邪馬の台（国）」の意味で「邪馬台国」と記し、更にそれを明確にするために「邪馬台国女王之所都」としたと考えられます。邪馬台「ヤマタイ」は、「邪馬国にある高台」若しくは「邪馬にある高台の国」で後者の「国」は都の所在地を指しています。晋代の三国志の読者は「台」の意味を理解できたと思われます。

どうも私をはじめこれまでの邪馬台国論者は、『隋書』の「都於邪靡堆則魏志所謂邪馬台国者也」（邪靡堆に都する、すなわち魏志にいう邪馬台国国なり）に惑わされて「まぼろしの邪馬台国」ならぬ「まぼろしのヤマト」を無意識のうちに追い求めてきたのではないでしょうか。魏志倭人伝に「ヤマト」を持ち出すのは、実体のない幽霊を探し求めるのと同じであり、「邪馬台国」すなわち「邪馬の台」は「ヤマト」とは無関係であったと考えるほうが理にかなっており、すっきりするでしょう。

後の「ヤマト」は過去にはトを場所を示す言葉として山処と解したり、水門をミトと言うように山門と解釈していますが、「邪馬都」(yamadu) 即ち「ヤマの都」と解すべきでしょう。後に近畿にできた「ヤマト」は「大和」とも書きますがこれは「ダイワ」であり、記紀では「倭」もしくは「大倭」とあり、倭と同じ音の「和」に変えたのは元明天皇の治世で「大和」とし「ヤマト」と読むように決めたようです。記紀の「倭」「大倭」を「ヤマト」と無理に読んだのはいつ・だれか知りませんが、近畿に「やまと」があることを「邪馬台国近畿説」の一つのよりどころにしているが、なんら根拠にはなりません。

3世紀以前の邪馬台国の言語の特徴は奈良時代以前の日本語の特徴と同じであることが森博達氏らによって指摘されています。四つの特徴の内、二重母音回避の規則に従えば「邪馬台」を「ヤマタイ」と発音することは回避され「ヤマト」または「ヤマダ」等に発音されるという。これは「邪馬台」を国名とし、それを日本語で考えた結果ですが、これもはじめに「ヤマト」ありきの思考であり、魏晋時代の官話による思考でもなければ「邪馬台」が「邪馬の台」の可能性も考慮されておらず根拠としては無理があります。

古事記や日本書紀ではヤマトという言葉に万葉仮名のほかに倭・大倭を当てている。この倭・大倭をヤマトと読む根拠が私の調べた範囲ではどこにも出てきません。なぜ万葉仮名で書けるヤマトをあえて倭・大倭を用いる必要があったのでしょうか。それとも倭（ワ）大倭（ダイワ）であったのをいつからか分かりませんが「ヤマト」と読み替えたのでしょうか？

畿内のヤマトは万葉仮名で、古事記では山跡・夜麻登、日本書紀には野麻登・椰麼等、椰磨等、万葉集では山跡・山常・也麻登・夜末登・八間跡などを使用している。上田正昭はこれらの「ト」すなわち跡・登・等などは特殊万葉仮名の乙類に属し、甲類の外・戸・門がみられないことから、九州の山門の「ト」が山の入り口や山の外側であるのに対し、畿内の「ヤマト」の「ト」は山々に囲まれた所、山間・山のふもとであることを有力に示唆していると言う。

私は、三文字で表記しているヤマトに別の法則があるのを見つけた。それは現代中国語で多くが共通した発音であることです。夜・椰・野・也はすべてye（イエ）と発音し、麻・麼・磨はma末はmoです。そして、登・等はdong（ドン）であり万葉仮名三文字で書かれたヤマトが中国語ですべて「ye ma dong」と発音できる。沖縄方言のヤマトンチュウ（本土人）と関連性があると考えるのは行き過ぎでしょうか。

橋本進吉は上代において「エ」はア行の「エ」とヤ行の「エ」があり、衣・依・愛・哀などがア行のエ（e）で、延・曳・叡・要などがヤ行のエ（ye）にあたると言っている。私は、橋本進吉のいうア行の「エ」とヤ行の「エ」はどちらもア行の「エ」であり甲類と乙類に分類でき、万葉仮名の「ヤ」とされる漢字の内、夜・椰・野・也などがヤ行のエ（ye）に当たると考えています。であるならば、万葉仮名三文字で書かれたヤマトは「エマト」「エモト」とも読め、上代の近畿地方には、「ヤマト」なる地名はなかったことになる。

⑵投馬国とは

プロローグで私は暗に答えを示しました。対馬は中国語で（dou ma）とも読めると。「対」の字は（dui）ですが、特殊な事例として仏教用語と官話方言に（dou）があります。どちらも、古い官話の名残でしょう。「投馬」は（tou ma）であり、対馬と投馬は相通じます。現在中国の普通話ではdは無気音で息を吐かずに発音します。tは有気音で息を吐きながら発音します。日本人が聞けば（dou）も（tou）もどちらも「トウ」と聞こえます。魏晋時代の官話にはおそらく無気音・有気音の明確な区別はなく「トウ」と発音していたのでしょう。古代において官話では「投馬」と「対馬」のどちらも「トウマ」と発音していたと、確信できます。魏志が「対馬」と表記したのは、島人（船乗り）から漢字で島の名前を教えられたからであり、「投馬」は島人の発音を漢字表記したためで、二者の資料は別の物であった可能性が高い。

隋書の「都斯麻」の「都」も決して現代日本語の「ツ」ではなく（du）（dou）であり、日本人が聞けば「トゥ」と聞こえます。上代特殊仮名遣いを提唱した橋本進吉博士は、万葉仮名の「都」（tu）の発音はドイツ語の（tu）すなわち「トゥ」に近かったと言っています。ですから、7~8世紀には島人は「トゥシマ」と呼び3世紀には「トゥマ」と呼んでいた可能性がありま す。これの傍証として現代の人名で「対馬」は「ツシマ」「**トウマ**」「ツマ」「タイマ」などと読まれています。対馬姓の由来は諸説あり、現在最も対馬姓が多い県は青森県だそうです。対馬姓を「ツシマ」「タイマ」「タイバ」「ツイバ」と読む由来はよく理解できるが、「ツマ」「トウマ」と読む由来はどこから来たのでしょう。対馬姓を「ツマ」「トウマ」と読む由来は、古い読みの名残であると考えるしかありません。

韓国語では対馬島と書いて「テマド」というとのこと。韓国語には「ツ」の発音はありませんから、「テ」は「ト」と転化しあったのではないかと思われます。「テマド」の「ド」は「島」ですから、対馬は「トマ」「トゥマ」であった可能性が高いと考えます。そして投馬は「トゥマ」と発音します。

以上のことから官話で考察しても投馬（touma）、対馬（douma）であり、日本語の中からも投馬「トウマ」対馬「トウマ」であり、韓国語でも「対馬＝投馬」だと断言できます。

ではなぜこれまで多くの人が邪馬台国論争に参画しているのに、この「対馬＝投馬」に思い至らなかったのか、彼らのために弁明しておきましょう。第一に、古事記に「津島」とあり日本書紀に「対馬嶋」とあることが挙げられるでしょう。彼らは無意識のうちに「対馬」＝「つしま」と理解していたのでしょう。魏志倭人伝を書いたのは中国人であり官話で書いたことを失念していたと思われます。官話で「対馬」を「tusima」と読むことは古代でもあり得ないことはすでに述べました。

第二に、投馬国と邪馬台国には、日数・戸数・官名が記載されており、戸数は非常に多く官名も対馬と投馬国は異なります。ですから投馬国を別の地域に設定せざるを得なかったのでしょう。投馬国を宮崎や長崎方面に比定したために、更に混乱が生じました。邪馬台国をある人は伊都から船で10日、徒歩で一か月の土地を探し、又ある人は船で10日または徒歩で一か月と解釈して邪馬台国を比定しました。最も私の考えに近づいた人もいました。彼は投馬国も邪馬台国どちらも、帯方郡からの行程だと考え比定地を探しました。各説乱立の原因を生んだのは陳寿の記述方法に問題があったためでした。

しかし私は、この新説「対馬＝投馬論」を成立させるためには、水行・陸行の日数の説明と戸数及び官名の違いを無理なく説明できなければなりません。

(3) 水行・陸行の説明

プロローグで紹介した梶田翁の逸話を思い出してください。明治九年に5〜6人乗りの大型漁船が山口県の周防大島から対馬へ渡るのに一か月あまりかかったことを。彼らは対馬海流に乗って航行していますが、魏使は狗邪韓国から末盧までは対馬海流に逆らい押し戻されながら航行しています。

すでに一部触れましたが、「南至投馬国水行二十日、南至邪馬台国水行十日陸行一か月」の起点は「郡」(帯方郡) であり「従郡至倭国」が主語となります。即ち「郡より倭国に至るには、南へ船で20日で投馬国に着く、更に船で10日徒歩30日で邪馬台国に着く」となります。対馬で日和待ちをし、郡から狗邪韓国まで行き、その後対馬に着くまでの日数が20日です。まず、郡から狗邪韓国まで行き、その後対馬に着くまでの日数が20日です。対馬で日和待ちをした後壱岐の島経由で末盧国で一部の人を下ろした後、航海の目的地である伊都に着くまでに要した日数が10日間、その後、伊都国で荷物の整理や住まい及び食糧を調達し、女王の住む所 (邪馬台国) までの旅行に要した日数が30日、伊都国から邪馬台国までの距離を一万二千里から一万五百里を引いた千五百里とすれば、一日の走行距離を50里で計算し30日要すると、陳寿は説明しているのだが全体の文章を理解するのになんと江戸時代以降２００年を要したことになります。

ただし、私の単なる「対馬＝投馬論」では戸数と官名の違いは説明できません。そこでまず、結論を先に述べます。魏使が倭国で認識した国は一か国の倭国ではなく国もしくは国連合が三か国あった。即ち、投馬国と女王国と狗奴国です。王が三人（伊都国王、女王、狗奴国王）いるのも理解できます。

・投馬国（倭）とは、対馬海峡周辺を拠点とした海洋民族「倭」でおそらく緩い連合国でしょう。

その構成は、朝鮮半島側は狗邪韓国を代表とする釜山の周辺の島礁（勒島・巨斉島など）と対馬・壱岐・及び北九州の海岸辺（末盧・伊都・不弥及び末盧の西側）で構成され漁労及び交易を生業とし、３世紀初頭その中心は恐らく壱岐島でしょう。このように理解すれば「参問倭地、絶在海中洲島之上、或絶或連、周旋五千里」もよく解ります。「倭地の事を訪ねると、海中洲島で行き止まり、或いは絶え或いは連なり、めぐるのに五千里はあると思われる。」とは朝鮮半島の勒島付近から狗邪韓国を経由して対馬・壱岐から伊都国に着き、それから末盧から値嘉島あたりまで行けばおそらく五千里だと言っているのです。

・女王国は九州北部内陸の渡来系稲作農耕の民で奴国のことであり、次から始まる21国と魏使が未踏査の国が含まれ、その都が邪馬台国でしょう。

・狗奴国は奴国の南に位置しおそらく在来系の稲作畑作の民であり、女王国と敵対関係にある。後に熊襲とか隼人《はやと》と言われた人々と思われる。

倭と女王国の勢力図

投馬国と邪馬台国に記されている戸数は、海洋民族「倭」と女王国に属する国の総戸数であり、官名はその中枢機関もしくは族長の呼び名です。これから、それらを説明していきます。

中国古代における国の概念

「國」とは元々の意味は境域・地域を指していたが、後に〝域〟の文字が作られたので、地域・地区の意味が派生し、また、領土を与えられた諸侯の国を指すようになった。

古代には領土を与えられた諸侯の封地を国と呼び、都のある都市を国と呼び、地域も「方」或いは国と呼びました。字の源義から見れば、中国古代人の国に関する観念の形成は比較的遅かったと言える。

漢も魏蜀呉も国とは言いません。まだ国家の概念がありませんでした。あくまでこれらは天子が天から与えられた土地でした。

倭人伝にある国の内、魏の皇帝より正式に封土を与えられたのは「倭王」だけですが、正始元年に初めて倭国に赴いた魏使が実見した倭地には倭国など存在せずそのために「女王」「女王国」を使用したと考えられます（倭国が出てくるのはこの正始元年の記事だけです）。邪馬台国は女王の都する所とあるので、女王国の都のある町なので「国」とした可能性は残るが、その他の国を陳寿が国としたのはあくまで「地域・地区」の意味で「国」としたのでしょう。王が三人いるので、女王以外にも後漢の皇帝より冊封された伊都国と狗奴国があったのでしょうか。

9．戸数について

魏使は倭の各国の戸数を調査して朝廷に報告しています。各国の戸数は次のようになります。

国名	戸数	単位	動詞
対馬国	1000余	戸	有
壱岐国	3000許	家	有
末盧国	4000余	戸	有
伊都国	1000余	戸	有
奴国	2万余	戸	有
不弥国	1000余	家	有
投馬国	5万余	戸	可
邪馬台国	7万余	戸	可

この表を見ると、単位に「戸」と「家」があり、動詞は「有」と「可」を使い分けています。魏使及び陳寿はこれらをどのように使い分けたのかが問題です。まず、「有」と「可」ですが、「有」は日本語と同じ「有る」で、魏使が調査とヒアリングの結果断定したものです。それに反して「可」は多くの訳本では「ばかり」とか「ほど」と副詞として訳しています。しかし、この場合「可」は「有」と同じ動詞であり、その意味は「おそらく……位はあるはず」「当然

……あらねばならない」であり、この「可」は対馬と壱岐の大きさ「方可四百余里」「方可三百里」にも使用しており、これらの数値は推定値です。女王に会いに行った魏使の報告書になぜ推定値があるのでしょう。そしてその報告書が朝廷に受け入れられ保管されたのを不思議に思いませんか。魏使はなぜ戸数調査までしたのでしょう。

魏晋時代には民部という戸籍を管理する部署がありました。魏晋時代の戸籍は女性・子供はカウントせず、成年男子のみ管理していました。その家の男の奴隷や食客もカウントされました。戸籍の目的は租税と軍役でした。倭で戸数調査をしたのも倭国の軍事力を把握するのが目的であり、一戸一人徴兵したとして投馬国で5万人、邪馬台国で7万人になります。

次に「戸」と「家」の相違ですが、「家」は家屋のことではありません。「家」の概念は日本でいう一族に近く、祖父から孫まで含むすべての家族を「家」といいます。魏使がなぜ「壱岐国」と「不弥国」を「家」としたかは、よく判りません。ただ推測するしかありません。一つの可能性はこの二か国では大きな家屋に複数の血の繋がった家族が住んでいたので戸数としてカウントできなかったのでしょう。

私の「対馬＝投馬説」で計算すると投馬国は対馬・壱岐・末盧・伊都・不弥及び未記載国の合計です。記載国だけの合計一万戸は五万戸とあまりにも差があります。邪馬台国では記載国は奴国だけですので、その計二万戸は七万戸とやはり大きく差があります。九州には女王国と敵対している狗奴国があり、少なくとも五万戸なければ敵対できません。投馬国五万戸と邪馬台国七万戸、それに狗奴国の推定五万戸を合わせれば十七万戸になります。一戸を最小に見積もって四人として68万人になります。魏志に「大人は四、五婦、下戸も二、三婦」とあり、成人の人数だけでも5～6人はいたことになります。

鬼頭宏氏によれば、西暦２００年頃の日本列島（蝦夷地を除く）の人口は60万人程度であったろうと言います。彼のデーターによれば、東北と関東を除く東海以西の総人口は46万人という。三か国合計68万人はあまりにも多すぎます。鬼頭氏によれば、北九州の人口は４万人、南九州は６・５万人で九州全体でも11万人程度でした。やはりあまりにも差がありすぎます。

邪馬台国と投馬国の戸数は推定値だとすでに述べました。魏使の推定誤りでしょうか。それとも、里数と同様に誇張して報告したのでしょうか。五万と七万は戸数でないのでしょうか。原資料に「口人」又は「人」とあったのを、「戸」と解釈してしまった可能性はないでしょうか。投馬国は対馬千余戸、一大三千許家、末盧三千余戸、不弥千家とあり、許は恐らくという意味で家の概念はすでに書きました。余も加算し、計算に入れてない国に千戸あれば一万二千戸程度となります。一戸４人で計算すればほぼ5万人になります。邪馬台国七万は奴国二万戸の人口と考えることができます。

この人口説と戸数誇張説どちらに妥当性があるか、また、別の考えがあるのかは読者の皆さんにゆだねたいと思います。

鬼頭宏氏による２０００年頃の人口分布

東奥羽	２８７００	近畿周辺	７０３００
西奥羽	４７００	山陰	１７７００
北関東	３９３００	山陽	４８９００
南関東	５９７００	四国	３０１００
北陸	２０７００	北九州	４０５００
東山	８５１００	南九州	６４６００
東海	５４４００	合計	５９４９００
畿内	３０２００		

７２５年の九州の人口分布（鬼頭宏氏）単位：万

筑前	筑後	豊前	豊後	肥前	肥後	日向	大隅	薩摩	壱岐	対馬
11.2	5.39	4.72	5.16	4.83	10.87	3.08	4.06	3.84	1.21	0.99

壱岐は魏志に３０００家とあり、３世紀にもすでに１２０００人ほどいたと思われます。ちなみに現在の人口は壱岐が約５３０００人、対馬が３１０００人。

10. 官名の解釈

倭人伝には各国の官の名前が出てきます。それを一覧表にすると次のようになります。

国名	官1	官2	官3	官4
対馬国	卑狗	**卑奴母離**		
壱岐国	卑狗	**卑奴母離**		
末盧国	記載なし	記載なし		
伊都国	爾支	泄渠觚	柄渠觚	
奴国	兕馬觚	**卑奴母離**		
不弥国	多模	**卑奴母離**		
投馬国	弥弥	弥弥那利		
邪馬台国	伊支馬	弥馬升	弥馬獲支	奴佳鞮

この時代、すでに述べたように倭国には三大勢力があり、まず倭人伝に記録されている女王国（奴国）で稲作の民が主な構成員、第二の勢力として海洋民族の勢力。ここで複雑なのは北九州を根拠地としていた伊都国は女王国にも服属していたが対馬と壱岐国と末盧国は海洋民族の中心であり女王国には属していませんでした。

伊都国には王がいますが一大率が治めており、帯方郡の郡使が常に留まっていました。伊都国の規模は魏略には一万戸とありますが、西北には末盧、東南には奴国、東に不弥国がありどの国も接近しています。ですから、やはり魏志にある一千戸程度の規模と考えて間違いないでしょう。この小さな規模の国に周辺諸国とまったく違う名の官がいます。この官は魏使が接触した官であるとすれば、これらの官以外に他の国と同様に卑奴母離がいたのではないでしょうか。そして、ここに書かれている官は「魏（郡）使」および「一大率」を接待する官であり王の補佐役と考えられます。伊都国は海洋民族の倭にとっても、「魏」にも「女王国」にとっても特別な存在であり、これはその立地条件の良さが朝鮮半島との窓口となり、三者三様の思惑が絡み合った結果でしょう。

対馬・壱岐国と奴国・不弥国の官を比べてみると、副官の名はすべて「卑奴母離」でこれは「ひなもり」「鄙守《ひなもり》」と解釈でき、辺境もしくは国境守備隊長と解釈できます。対馬と壱岐の長官の名前は同じ「卑狗」は「ひこ」「彦」でしょう。この対馬と壱岐は海洋勢力に属し地方長官が「卑狗」でしょう。奴国と不弥国の長官名が違いますが、この奴国は女王国の最も北に位置しており、やはり地方長官と解釈できます。不弥国の長官も同様であり、兕馬觚（si ma gu）は「しまこ」「島彦」、多模（duo mo）は「とも」と理解できます。

投馬国の「弥弥」（mi mi）「みみ」「弥弥那利」（mi mi na li）「みみなり」は、海洋勢力「倭」の首長とその補佐でしょう。邪馬台国の伊支馬（yi zhi ma）、弥馬升（mi ma sheng）、弥馬獲支（mi ma huo zhi）、奴佳鞮（nu jia di）と多くの官がいます。これらは女王国の行政を行う官僚もしくは各地方の族長と考えられます。

海洋勢力である「投馬＝対馬」は対馬北端の塔の首遺跡周辺と壱岐国（北端のカラカミ遺跡周辺）に地方官を置き、投馬国は壱岐の原の辻あたり、もしくは対馬の厳原に中心機能を置いていたと考えられます。対馬と壱岐国の地方官は船の航行を見張り、見知らぬ船が近づけば直ちに対応したのでしょう。

●第四章のまとめ

陳寿は「郡より倭に至るには」で始まる文章の中に、当時彼が知りえたであろう倭の地理的状況をすべて記載しようと努力しています。二度の倭への魏（郡）使の記録や倭の使節からの聞き取り内容も含まれていたことでしょう。それらを、整理して書かれたのが「郡から倭に至るには」の内容だと理解できます。

魏使は帯方郡から船で狗邪韓国へ渡り、その後対馬・壱岐・末盧に着いたあと、陸路を伊都国まで行きました。伊都国から奴国の北端と不弥国まで調査したのち、女王の住む所まで徒歩で向かい、道中周辺の国々を調査し、奴国の南には狗奴国があることを知り、その国の状況も簡単に記録しました。郡から女王国までの距離を一万二千里と記載した後、女王の住む都（邪馬台国）までに要した日数を挿入しています。

女王までの行程は郡から対馬まで海路20日、対馬から末盧経由で伊都まで海路10日、伊都から女王の住む都まで陸路で一か月と書き、投馬国（海洋民族の国）の人口を5万人、官に弥弥等があると記載し、女王国の人口を7万人（以上は人口説）、女王国の都は邪馬台国であり、その官に伊支馬等があると記載しました。以上が本文の主要な内容です。

これまでの邪馬台国論争は倭人伝の中で最も重要なキーとなる「南至投馬国水行二十日　南至邪馬台国水行十日陸行一月」を的確に説明できなかった為に、倭人伝のこの部分は記述誤りだとか勝手に解釈してきたことが原因です。特にほとんどの論者が投馬国を軽視し邪馬台国ばかりを論じてきました。邪馬台国の位置を比定するには投馬国の位置を確定する必要があったのですが、このことから目をそらしなおざりにしてきたことが邪馬台国論争を面白くしてきました。宮崎康平の名著『まぼろしの邪馬台国』以後空前の邪馬台国ブームが到来し、その後百冊以上の邪馬台国関連書籍が出版されましたが宮崎氏を越える著作は皆無といっても言い過ぎではなく邪馬台国はまぼろしから抜け出すことはありませんでした。もし宮崎氏の眼が正常であったなら彼は原文を読み解き私と同じ結論に達していたに違いないと思います。

私の新説「投馬＝対馬」は、投馬国の位置を比定したと確信しています。しかし、この説はおそらく学者からは無視されるでしょう。日本の学界という名の「黒い巨塔」は素人《しろうと》が口を挟むことを極端にきらう。今後、学者は邪馬台国については口をつぐんでしまうに違いありません。

私ははじめから「投馬＝対馬」を考えていたのではありません。原文（白文）と何度もにらめっこしていて、まず考えたのがこの文章の主語は何か、そしてその主語はどこまで係っているかでした。次に「投馬とは」を考えたが結局何も判りませんでした。そこで対馬を中国の検索サイトで調べていると、特殊な例として「dou」という発音があることを知り、閃いたのです。投は「tou」対は「dou」でほぼ同じではないかと。次に日本の検索サイトで対馬を調べると、名字にトウマさんと読む対馬さんがいることを見つけました。投馬は対馬の事でないかと初めて確信を持てた瞬間でした。その後は、すでに記述した内容を原文で精査していくだけでした。

投馬国が比定できたので、読者の皆さんも邪馬台国がどこにあったか、もう解ってきたことでしょう。しかし、邪馬台国探しは一休みして、魏志倭人伝を読み進めましょう。

第五章：魏志倭人伝を官話で読む

倭人伝に使用されている単語の解釈により女王国の状況がずいぶん異なったものになります。「一大率」「共立」「都」「以」等があります。ここでは、これらの筆者の解釈を述べていきます。

1. 一大率とは

通説では「一大率」は邪馬台国の女王卑弥呼が伊都国に設置した機関と考えられています。それは魏志倭人伝に伊都国は「代々王あり、すべて女王国に属す」とあるからです。伊都国が女王国に隷属《れいぞく》しているのだから「一大率」は女王が派遣した官だと考えるのは当然です。そして倭人伝には「女王国より北には、特に一大率を置き、諸国を検察させる。諸国これを畏憚《いたん》する。常に伊都国に治す。」とあります。まず疑問の一つは、一大率が卑弥呼の置いた機関（人）であれば、その他の役人と同じようになぜ和名でないのかということです。これは不思議なことです。市を監督させた「大倭」があるではないかとの異論もありますが、「大倭」は固有名詞ではなく、あきらかに「大人の倭」すなわち「身分の高い倭人」の意味であって、決して「一大率」と同列に論じることはできません。二番目の疑問は、「一大率」が、卑弥呼が派遣したのであれば「ともに一女子を立て王」とした諸国がなぜ恐れるのであろう。なぜ女王が諸国を検察させる必要があるのだろうかと言う疑問です。「共立一女子為王」が「ともに一女子を立てて王となす」であれば当然起きる疑問です。諸国を検察させたのは、本当に卑弥呼だったのでしょうか。また「常に伊都国に治す」を駐在していると解釈されますが、「治す」はやはり言葉どおりに解釈して「伊都国を治す」であり「治めている」が正しいのではないでしょうか。原文は「常治伊都国」であり、「伊都国に治す」であれば「常治在伊都国」であらねばなりません。韓伝に「辰王治月支国」とあるのと同じでしょう。

　次に、この文章の後に「国中における刺史のようである。」とあり、この国中とは明らかに「魏全体もしくは帯方郡」のことです。魏における「刺史《しし》」がどのようなものであったかを理解すれば一大率がどのようなものであったかおおよその見当がつきます。刺史は前漢時代に全国に13州が置かれると同時に設置され、その役割は**現地の官僚を監察するための「監察官」**でした。その後、刺史の性格と名称には変遷があったが、魏の時代になって名称は「刺史」に戻りました。しかし魏の時代の刺史は**将軍位を持って兵権の行使も**行いました。したがって、一大率は、中央が地方に派遣した監察官であり且つ将軍位で兵権も持っていたと解釈できます。諸国が一大率を畏れたのは、単なる監察官ではなく、軍隊を統率する将軍であったからです。

　一大率の役割の一つとして倭人伝には「王が洛陽・帯方郡・韓国へ人を派遣する場合と、帯方郡が倭国に使いする時女王あての伝送文と賜遺の物を間違いの無いように、みな港でチェックする。」とあります。一大率は王が派遣する船と帯方郡からの郡使の船の両方とも港で臨検する権限を持っていたようです。そして、この文章から読み取れるのは、「倭国と帯方郡・韓国との交易および朝貢・使節の船は、すべて伊都国の港を拠点としていた」ということです。三番目の疑問は、女王がなぜ郡使を検閲できるのかということです。魏の洛陽に朝見する倭の使節は必ず帯方郡で太守の許可を受ける必要があり、それと同じように女王国に行く魏の使節も女王が派遣した一大率の検閲を受けなければならなかったという考えもあります。しかし、魏から見れば倭国は魏（帯方郡）の属国であり、魏は倭の宗主国だから、倭国の朝貢品に対して破格の見返りを与えている。伊都国でそれらの品物を目録通りにあるかどうかをチェックする役目はあくまでも魏の役人だけではないでしょうか。

女王国が一大率を派遣したのであれば倭国の船は臨検できても、帯方郡の船まで検閲できるはずはありません。やはり、女王が派遣したものでないと考えなければなりません。

「自女王国以北」はこれで二度出てきました。最初は、前項で説明した「自女王国以北、其戸数道里可得略載」でした。これの主語（主体）は明らかに「魏使・郡使」であり、今回も主語はやはり「魏使・郡使」と考えられる。魏の使節が女王国より北に一大率を特に置いたと解釈できます。

では一大率とはなんだったのでしょう。「一大率」は、「一つの大率」とも「一大の率」とも読めます。「一つの大率」であれば、大率とは何かを解決しなければなりません。墨家の迎敵詞に「城上歩、一甲、一戟、其賛三人、五歩有伍長、十歩有什長、百歩有百長、旁有**大率**、中有大将、皆有司史長、城上当階」とあり、城で敵の攻撃を防ぐとき、中央に大将がおり、傍らに大率を置くと書いています。帯方郡に大将を置き、伊都国に大率を置いたと解釈すれば、一一大率は魏（帯方郡）が置いた「軍隊を率いる一人の大率」ということになります。

もう一つの解釈である「一大の率」は、文字どおり「一大国（壱岐国）の率」であり、一大国すなわち「倭」が派遣した率です。では、「率」とは何かが問題になります。「率」とは、古来より中国では、指導者・統帥と軍隊の意味で用いられています。ですから、「一大の率」とは「一大国の将軍に率いられた軍隊」とも解釈できるわけです。

「一大率」が「一人の大率」であった場合、魏もしくは帯方郡が派遣した「軍隊を率いる大率」ですが、ではなぜ魏は一大率を常駐させて伊都国を治めたのでしょうか。前項で説明した、手形発行と船の検閲だけでは説明になりません。九州にあった「倭人」の諸国の国が、孫権の呉と接触するのを嫌ったために諸国を検察したのではないでしょうか。このことは、すでに呉の戦略で説明しました。

では「一大の率」であった場合、なぜ一大国が伊都国に軍隊を駐留させることができたのか。これも仮説にすぎませんが、一大国が先ほど述べた「倭」の中心であり、伊都国も「倭」の一国であり（伊都国は女王国に隷属していたが、それ以前に「倭」集団の一国であった）九州の「倭」でない国が都・郡・韓に朝貢もしくは交易する場合、制海権と交易船を有している「倭」の出先機関である「一大率」の臨検を必ず受けなければならなかった。そのために一大率は軍隊でもあったと解釈できます。そして当然一大率は現在の税関と同じ役割を果たし、税を徴収していたと考えてもおかしくありません。さらに一歩進めて言えば魏が倭に「一大の率」を伊都国に常駐させたとも考えることができます。

どちらにせよ、「一大率」は諸国を検察していた訳ですが、その諸国とはどこを指すかと言えば、21国を含む女王国と不弥国と、記載されていない国が対象であったのでしょう。

2. 共立の解釈

「乃共立一女子為王」を一般には「すなわち共に一女子を立てて王となす」と訳され、諸国が共に一女子を立てて王にしたと理解されています。まず「乃」には「そこで」「やっと、初めて」の意味があり、「すなわち」と訳す場合は一般的にこの字の前に名詞（主語）がある場合で「～すなわち～である」となります。ですから、この場合は、前の文章は「相攻伐歴年」ですから、「やっと」「初めて」が適当です。

では「共立」はといえば、まず魏志の東夷伝に同様の例が無いか調べてみるとやはりあります。新しく王が即位する場合、一般に嫡子が即位する場合はただ「立」とあります。扶余伝には「其子依慮年六歳立以為王」（その子依慮年六歳が立って王になる）高句麗伝には「宮死、子伯固立」（宮死に、子の伯固が立つ）「名位宮、伊夷模死、立以為王」（名を位宮、伊夷模死に、立って王になる）です。そして、王位を継ぐ者が、庶子であったり、兄がいるのに次男である場合は「共立」と書かれています。その例が扶余伝の「意居死、諸加共立麻余」（意居が死に、諸加は麻余を共立した）であり、高句麗の「有二子、長子抜奇、小子伊夷模、抜奇不肖、国人便共立伊夷模為王」（二子あり、長男の名は抜奇、次男は伊夷模、抜奇は出来が悪いので、国人は伊夷模を王に共立した）です。この「共立」を使用している時には、必ずこの前に主語があります。それは「諸加」、「国人」です。諸加とは、扶余の官僚の名前には「馬加」「牛加」等、加が付いていて多くの官の意味です。「国人」も同じような意味と解してよい。そこで「官僚に共立されて」となるのですが、卑弥呼の場合は、この主語がなく、誰が「共立」したのか書いていません。諸国が「共立」したとは書いていません。不思議なことです。ここでも思い込みが独り歩きしているようです。

陳寿は春秋学と儒教の立場で編纂しており、長子が王位を継ぐのが当然の社会にあって、長子以外が王位を継承する場合、王位簒奪でないことを強調するために「共立」の文字を使用したのでしょう。では「共立」ですが、この意味は本当に「共に立てる」でしょうか。扶余・高句麗の例でみると、「共に立てた」とも読み取れますが、卑弥呼の場合は別の意味があるとも考えられます。

共立の「共」は、「供」「恭」と同義語のようです。元々は、「供奉」「恭敬」「供給・供応」の意味で使用されたと辞書にあります。「供奉」には祭るの意味があり「恭敬」はうやうやしくする・敬うです。また「共立」とは、「古代の立ち姿勢の一種で、身体を少し曲げて恭敬を示す。共は〝恭〟に通じる。」と説明があります。

ですから「共立」は「恭しく立つ」「敬って立てる」と解することができます。「乃共立一女子為王」は「**初めて一女子を敬って即位させ王になった**」ことをあらわしています。また、高句麗・扶余の例も「敬って立てた」と解することができます。

もしこのように訳すことができるなら、卑弥呼に「**お願いして王位に就いていただいた**」のであり、陳寿の言葉の用法を理解するなら、卑弥呼は推戴される形式で自ら王位に就いたのであり、「鬼道を事し、能く衆を惑わす」ことで王位に就いたと理解できます。魏志の後に編纂された晋書は「共立」とは書いていないで「乃立女子為王名曰卑弥呼」とあり、「共」が陳寿独特の用法であることが判ります。このことから卑弥呼は諸国の王に持ち上げられて王位に就いた傀儡《かいらい》ではなく「鬼道を信奉する人々に推戴」されて王に就いたので諸国は落ち着いたのです。

魏志の後に書かれた後漢書では、明らかに私と同じ解釈をしています。後漢書には「鬼神の道に仕え、よく妖をもって衆を惑わすので、共立して王となした」とはっきりと書いています。

更に言えば、倭人伝にも「更立男王、国中不服、更相誅殺、当時殺千余人、復立卑弥呼宗女壱与、年十三為王、国中遂定」（更に男王を立てしも、国中服せず、お互いに誅殺し、当時千余人を殺す。また卑弥呼の宗女壱与年十三を立てて王と為し、国中遂に定まる）とあり、男王も壱与も「共立」されたとは書いていない。この男王は恐らく難升米であり、彼を王に立てたのは張政であろう。しかし鬼道を信奉する民衆はこれを不服として争いがおきた。張政は改めて壱与を王にしたので争いが収まったのであろう。まだ13歳の壱与が自ら王に立つことは決してありえないからです。

では鬼道とは、どのようなものでしょうか。漢末に流行した新興宗教をこの時代に鬼道と総称していました。魏志・張魯伝には「魯 遂据 漢中、以鬼道教民、自号〝師君〟。」（張魯ついに漢中に拠点を置き、鬼道で以て民を教え、自らを〝師君〟と号した。）とあります。張魯のこの五斗米道《ごとべいどう》と、漢末の黄巾の乱を引き起こした張角による太平道などを含めて鬼道と称しました。卑弥呼も大衆を魅了したので魏の使節は張魯や張角と重なり鬼道と言ったのでしょう。

五斗米道の名は、信者に五斗の米を寄進させたことに由来します。呪術的な儀式で信徒の病気の治癒をし、信者と流民に対し無償で食料を提供する場を設けた。悪事を行ったものは罪人とせず三度まで許し、四度目になると罪人と評して道路工事などの軽い労働を課した。これらのことにより信仰を集め、さらに信者から構成される強固な自治組織が形成されていきました。

太平道は病人に対し、自分の罪を悔い改めさせ、符水を飲ませ、九節の杖で呪術を行って治癒させました。そして治癒の良否は当人の信仰心の篤さによるとしたのです。張角とその弟たちがそれぞれ「大医」と称していた点から、教団活動において大きな比重が治癒行為に置かれていたと考えられます。

五斗米道も太平道どちらも、当初は呪術による病気の治癒を手段として信者を増やしています。卑弥呼の鬼道も呪術で病気を治して（心理的に良くなったと思われる。）いましたが、後の女王国に彼女を奉る信者のような集団ができ、彼女はその集団に推戴されるような形で「自ら恭《うやうや》しく即位し王になった」のではないでしょうか。更に言えば卑弥呼の鬼道とは、雨乞い、豊作祈願、疫病退治、悪霊退散などを呪術で行っていたのでしょう。時代は下って蘇我蝦夷が仏教の僧に雨乞いさせたが、微雨のみで効果がありませんでした。斉明天皇が天に祈ると雷が鳴って大雨が降り、雨は五日間続いたと伝わっています。天平時代の女帝がこれらの事を行っていたことを思い浮かべると、卑弥呼の鬼道が発展して後の「神道」になったとも想像できます。

3．女王の都する所とは

倭人伝で卑弥呼のことが記載されているのは、「乃共立一女子為王、名曰卑弥呼、事鬼道能惑衆」「親魏倭王卑弥呼」と「倭女王卑弥呼」「卑弥呼すでに死す」「卑弥呼の宗女壹与」であり、倭王＝卑弥呼であると言っているのは、魏の明帝の詔書だけです。女王＝卑弥呼であると理解できるのも「倭女王卑弥呼と狗奴国」だけです。

しかし、「邪馬台国の女王卑弥呼」という表現は一度もなく、「邪馬台国　女王の都するところ」より類推して邪馬台国＝女王国になってしまっています。

私は以前に歴史に詳しい中国人に「卑弥呼之所都」について尋ねたことがあり、彼は『これはあくまでも「みやこ」であり、その国の元首が住むところを都』だと言う。しかし、「都」の用例を調べてみると《説文》に「都、有先君之旧宗廟曰都」（都、先君の古い宗廟を都という）また、「周朝時各国把国都叫作国、把有宗廟或先君神主的城叫都、没有的就叫邑」（周の時代各国は国の都を作国と呼び、宗廟《そうびょう》或いは先君の位牌のある町を都と呼び、無い町を邑と呼んだ）とあります。しかし、三国志の用例を調べると、「興復漢室、還于旧都」（漢室を復興し、旧都へ還る）「秋九月、権遷都建業」（秋九月、孫権は都を建業に遷す）とあり、都を国家の最高権力者の所在地を指すともあります。私の知る限りでは三国志に出てくる「都」は四か所だけで「女王之所都」以外は、前述の諸葛孔明の出師の表に出て来るものと、孫権伝の「権遷都建業」であり、これらは蜀と呉が皇帝を名乗った後の事です。蜀も呉も国家の体裁が確立されており、皇帝の住む所を「都」と呼ぶのは自然なことです。しかし、卑弥呼はただ女王国の女王に過ぎず、この女王国すら二十数国の連合であり、且つこの連合に属さない国もある倭国において「都」を京の意味で編者の陳寿が使用したかどうかは甚だ疑問です。

また、別の観点からも言えます。倭人伝を包括する「烏丸・鮮卑・東夷伝」の中で「都」が出てくるのは倭人伝のこの一か所と高句麗伝の「都于丸都之下」だけで、扶余も韓にも出てきません。そして、高句麗伝には、「作国」も出てきます。それは「句麗作国、依大水而居」と「句麗別種依小水作国」で、「高句麗のみやこは大水の傍に有る」と訳すことができます。尚、この大水とは鴨緑江のことでしょう。高句麗の都「丸都」が鴨緑江の傍の今の中国側の集安に有ったことは周知の事実です。では「都于丸都之下」の「都」は京を意味する都ではないのでしょうか。「下」は「地」の意味もあります。ですから「都は丸都の地にある」と訳すことができます。しかし、「丸都」は明らかに「都」であるのになぜ敢えて「都は丸都の地にある」と記載するのでしょうか。そしてなぜ「地」ではなく「下」なのでしょうか。もう一つの解釈は、丸都は山城であり山の頂上を囲むように作られています。「下」を文字どおりに読めば「都は丸都の下にある」になります。これを「宗廟は丸都の麓にある」と読めば、この時代においても、完全な国家の体制が確立していない周辺の夷狄の国の最高権力者が住む「みやこ（京）」に対しては「作国」の言葉を陳寿が敢えて用いたとも理解でき、倭人伝の「女王之所都」の「都」は京の意味の「みやこ」ではなく、「宗廟もしくは位牌がある所」と解釈することもできるのではないでしょうか。

この倭人伝の最後である正始八年には、卑弥呼はすでに死んでおり、その宗廟を邪馬国に建てたと解釈できる。陳寿は倭人伝を編纂するにあたって、邪馬台に卑弥呼の宗廟があるとの記録を見て後で挿入した可能性はないでしょうか。

4．景初二年（238年）の出来事

魏志によれば、景初元年（237年）公孫淵は魏から離れ自立して燕王となり、これに立腹した魏の明帝はすぐさま青州《せいしゅう》（山東半島の渤海湾に面している地方）兗州《えんしゅう》（山東半島の東シナ海側）幽州《ゆうしゅう》（渤海湾の北側）冀州《きしゅう》（渤海湾の南側）に大きな海船を作ることを命じたとあります。

景初二年（238年）正月朝議で司馬懿に公孫淵を征伐せよと詔《みことのり》を出し、明帝は司馬懿に問うた。〝公孫淵はどんな策略で迎え撃つと思うか〟司馬懿はこの問いに対して〝公孫淵は城を捨ててあらかじめ退くのが最も良策です。遼水《りょうすい》に陣取って大軍を迎え撃つのが二番目の策です。襄平城《じょうへいじょう》に立て籠もれば捕えることができます。〟明帝はさらに聞いた。〝彼はこの三者のどの策をとるだろうか。〟司馬懿は答えて〝お互いの英知を推し量るに、予《あらかじ》め割り込んで切り捨てれば、すでに公孫淵の及ぶところではなく、必ずまず遼水で拒み、その後城で守るでしょう。〟明帝はさらに〝往復で何日かかる。〟〝往きに百日、攻撃に百日、還りに百日、休憩に百日として一年で足りるでしょう。〟と司馬懿は答えています。〝予め割り込んで切り捨てれば〟とは、公孫淵は実質的に朝鮮半島を支配しており韓諸国は公孫淵に隷属しているので、襄平城と韓の間にある「楽浪・帯方郡を先に攻略して公孫淵の退路を断つ」ことを指しています。この作戦は、明らかに史記にある衛氏朝鮮攻略を参考にしています。紀元前109年、漢軍は二手に分かれ一軍は楼船に五万の兵を乗せ斉（山東半島）から渤海湾を渡り、もう一軍は遼東から進んで衛右渠の討伐を命じています。この朝鮮平定後、漢は四郡（真番《しんばん》・臨屯《りんとん》・楽浪《らくろう》・玄《げん》菟《と》）を設けました。今度の作戦はこの故事にならって、遼東を攻めるにあたって、まず海から楽浪・帯方両郡を攻め、公孫淵の退路を断ってから遼東を攻めています。

司馬懿が遼東を攻める前にかねてよりの作戦どおり、まず「密かに軍を海に浮かべて楽浪と帯方の両郡を収め」（東夷伝）「明帝密かに帯方太守劉昕と楽浪太守鮮于嗣を遣わし海を越えて二郡を平定」（韓伝）したことを確認した司馬懿は6月に公孫淵への攻撃を開始しました。公孫淵は退路を断たれたことを知り、司馬懿が予想したとおり、まず遼水で魏の軍隊を迎撃したあと襄平城に立て籠《こ》もりました。司馬懿の軍は8月に襄平城を落し、公孫淵親子の首を斬り洛陽に送った、とあります。

倭人伝には、景初二年6月に「倭の女王は、大夫難《な》升《し》米《め》らを、郡に遣わし天子に朝貢することを求めた。太守の劉夏は役人をつかわし、洛陽に送った。」と記されています（前出の劉析と劉夏はおそらく同一人物であろう）。

その後、11月には司馬懿は凱旋し戦勝祝いが行われ、12月に倭の使節が朝貢しています。12月乙丑《きのとうし》に明帝は病に臥せ、翌正月丁亥《ひのとい》に亡くなりました。この丁亥は殷暦（陰暦ではない）の1月1日であり現在の暦だと1月22日だと言います。とすれば、12月の乙丑の日は、殷暦の12月8日で現在の暦で12月30日にあたります。

この卑弥呼が朝貢を求めた景初二年は景初三年の誤りであるとする説があります。いやむしろこの説が現在定説になっています。「日本書紀」および「梁書」では三年となっているからです。「日本書紀」の神功皇后紀には倭人伝の一節が引用されており、そこには「三十九年、是年、太歳己未。魏志にいわく、明帝景初三年六月、倭の女王、大夫難斗米らを遣わして、郡に詣りて天子に朝貢することを求めた。」とあります。先に書いた「魏志倭人伝」との違いは、景初二年と三年の違いの他に、「明帝」の文字を追加していることと、「難升米」が「難斗米」になっていることです。松本清張はその著書『邪馬台国』で以下のように述べています。『紹《しょう》興《こう》版の「景初二年」のほうが誤りで、紀が引用した「景初三年」が正しいのである。げんに岩波文庫版の「魏志倭人伝」には「景初二年」を「明帝の年号、景初三年（２３９）の誤り。梁書は三年とする」と注している。「景初二年」が誤りであることは、この年に魏が遼東の公孫氏を滅ぼして楽浪・帯方を接収したのであるから、その戦争のさなかに倭の女王が使者を帯方郡に行かせ、さらに魏の都の洛陽に朝献させるはずがない。それは戦争がすんで情勢を見きわめた翌年でなければならない。これも「二年」が「三年」の誤りという傍証になる。』（以上引用終わり）。

景初三年説は松本清張の独自な説ではなく、中国において清の時代にすでに多くの考証学者により唱えられており、それらをまとめた盧弼《ろひつ》の『三国志《さんごくし》集解《しっかい》』にはすでに松本清張の右記文章と同様の内容が書かれています。

三国集解の注釈

（原文）

沈家本云御覧作景初三年公孫淵死倭王遣大夫難升米等言帯方郡案公孫淵死於景初二年八月淵死而倭使始得通自當在三年若二年六月其時遼東興魏相拒魏尚無帯方太守倭使亦不得通也此文恐當以御覧為長惟淵死於二年而敍於三年蓋欲明倭使得通之故而追敍之耳亦案下文云其年十二月詔書報倭女王云正始元年太守弓遵儁等奉詔書印綬詣倭國云々是於景初三年十二月下詔書正始元年到帯方年月甚明若是二年事不應詔書既下事隔一年始到帯方此尤二年當作三年之明證也

（訳文）

沈家本（人名：清朝末期の法律家）は景初三年に謁見したとする。公孫淵が死に倭王は大夫難升米等を帯方郡へ派遣した。景初二年八月に公孫淵が死んだことが淵の死により倭の使者は三年にやっと行き来することができた。もし二年六月であればこの時遼東は魏が興り魏に抵抗しておりまだ帯方太守は居らず、倭の使節もまた行き来することはできない。この文は恐らく二年に淵が死んだので謁見した。そして三年におおかた倭の使者が望んだ通行を述べている。だからこの後の文と照らし合わせればこれは倒叙である。

いわくこの年の十二月倭女王詔書を報じる。いわく正始元年太守弓遵俊ら詔書と印綬を奉じて倭国へ詣でる云々は景初三年の十二月に詔書が下り正始元年に帯方に着いたのであり、年月はきわめて明らかであり、もし二年のことであれば詔書がすでに下りてから一年を隔てて帯方に着いたことになり妥当ではない。これはさらに二年を三年とする明らかな証である。

注：沈家本の著書に「三国志注所引書目」がある。

しかし松本清張等は、大事なことを何点か見落としています。

第一に明帝は景初三年の1月に崩御していることです。日本書記が敢えて「明帝」を追加したのは、明帝がまだ生存しているからであり「二年」であるということを強調したからと考えるほうが自然です。

第二に、梁書は卑弥呼の朝貢は公孫淵が滅亡した翌年であると解釈したために「景初三年」としています。これは「魏景初三年公孫淵誅後卑弥呼始遣使朝貢魏」（魏の景初三年公孫淵を誅した後卑弥呼は初めて魏へ朝貢の使いを遣わした。）とあり、日本書紀も梁書も根拠にはなりません。

第三に、彼らは魏志「明帝紀」をよく読んでいない形跡があります。もし「明帝記」を精読していれば、遼東の公孫淵の攻略作戦を理解しているはずです。公孫淵が城を捨てて後方即ち楽浪・帯方二郡に退いて戦えば、戦は長期化し勝敗の行方は分からない。そこで、先ず作戦として「密かに船を浮かべて楽浪・帯方を接収して」公孫淵の退路を断ち、帯方郡に属していた韓・倭も公孫淵に加担できなくしてから魏の本隊は6月に進軍して公孫淵を攻めている。その時、魏は烏丸と高句麗を味方に付けて彼らの軍も参戦しています。一方、倭の方から見たこの戦は、倭の知り得た事実はただ「魏の軍隊が楽浪・帯方郡を攻略して接収した」と言うことだけであり、「魏が公孫淵の襄平城を攻めている」ことなど完全な軍事上の秘密で、帯方郡に倭の船が停泊していたとしても知ることは出来なかったであろうし想像すらしなかったでしょう。ですから「戦争のさなかに……」という考えは、後世の軍事評論家が戦争の全容を理解した上の発言です。戦争では作戦当事者しか知らない事実が殆どであり、参戦している兵隊ですら何も知らない状況は太平洋戦争の時代でも同じでした。倭の女王は「帯方郡が魏の大軍に占領された」という情報に接して「急きょ使節を派遣した」。倭の使節は帯方郡に到着後、遼東で戦争が始まっている事を知って8月末まで帯方郡で待機した。これが現実だったのではないでしょうか。

四点目として、魏の明帝は曹丕の嫡子ですが、新帝の小帝芳は養子でした。明帝には三人男子が生まれたが、いずれも幼くして亡くなっており、235年に養子として迎えたばかりで明帝が亡くなるまで4年もたっていません。小帝芳のことは宮廷の秘め事で誰もその出自を知らなかった事は事実であり、小帝が即位したのは若干8歳でした。明帝の病は重く12月26日（辛巳）には皇后を立て、燕王宇《えんおうう》（明帝の叔父）を大将軍にしたが、12月29日（甲申）に罷免し、曹爽をその代理とした。1月1日（丁亥）司馬懿は河内に戻っていたが、皇帝は急ぎ呼び返し、病室に呼び寄せその手を取って言われた。〝私の病は重い、以後のことはあなたに委ねる。あなたと曹爽で幼子を補佐してほしい。〟その日の内に明帝は崩御《ほうぎょ》された。以上は明帝記に書かれている内容です。

明帝記の裴松之注には《漢晋春秋》から引用して、帝は燕王宇を大将軍とし、領軍将軍夏候献と武衛将軍曹爽と屯騎校尉曹肇と驍騎将軍秦朗などに政治を補佐させようと思っていた。中書監の劉放は、孫資に久しく専権を弄《ろう》させており、秦朗らと元々仲が良くなく、後に害があるのではと危惧し、これを排除しようと画策していたが、燕王が帝の側にいつも侍っており、未だ話す機会がなかった。甲申、皇帝の病状が悪化し、燕王は寝殿から出て曹肇を呼んで協議していたが、未だに還らない、帝の側にはただ曹爽だけがいた。劉放はこれを知り、孫資を呼び相談した。孫資は「動いてはいけない。」劉放は「共に極刑になる。なにかしてはいけないことがあるのか」そして突然帝の前に現れ、項垂れて泣き、「陛下の病は重い、はばからず言わせていただきます。天下は誰に付くと思いますか。」帝は「燕王を用いることを聞いていないのか。」孫放は「陛下は先帝の詔をお忘れです。藩王は政治の補佐は出来ない。陛下は病であり、曹肇や秦朗らは才人を病人に侍り戯言を言っている。燕王は南面に兵を擁しており、臣らが入ることを許さない。これは即ち豎刁・趙高なり。今皇太子は幼弱で政治を統制することは出来ず、外には強暴な敵があり、内には労怨の民がおり、陛下は深慮がなく存亡は、近親と旧恩にある。祖宗の業を二三の凡士に任せ、寝込んで数日で内外は隔てられ、社稷は危殆し、既にこの臣らが心を痛めている事をご存じない。」帝は劉放の言葉に大いに怒り「誰が適任者か」劉放と孫資はすぐさま燕王に代えて曹爽を挙げ、また「司馬懿を来させるよう詔を出してください。」帝はこれに従った。劉放と孫資が退出したあと、曹肇が入室し、泣きながら固くいさめたので帝は曹肇に詔を停めさせた。曹肇が退出して、劉放と孫資が急いで戻ってきて、また帝を止めて帝も、またこの言に従った。劉放は「お手で詔を書いてください」帝は「疲れた、出来ない」劉放は寝台に上がって帝の手で無理やり書かせ、遂に賜って出て、大声で「詔あり、燕王らの官は宮中に留まってはならない。」そして燕王・曹肇・夏候献・秦朗は互いに泣きながら帰った。

また、《魏略》を引用して、帝が既に劉放の謀に従い、司馬懿を召すために、自力で詔を書き封をして宮中の者を呼び、〝辟邪いらっしゃい！あなたはこの詔を持って太尉に授けなさい。〟辟邪は走っていった。先に、燕王は帝の考えで、事が重大なので、急ぎ司馬懿を派遣し、河内より西に戻し、事を行わせていた。司馬懿は前に詔を得て、すぐに又直筆の詔を得て、京師に異変があると疑い、すぐさま駆けつけ皇帝に謁見した。お見舞い申し上げた後、始めて斉・秦の二王を召し司馬懿に引き合わせ、斉王を指して司馬懿に言った。「かれだ、よく観なさい。間違わないように。」又斉王に目の前で司馬懿のうなじを抱きしめさせた。《魏氏春秋》には、この時、斉王は八歳、秦王は九歳、お側に居て、帝は司馬懿の手を執り、太子を見て言った。「死はまた堪えることが出来る。朕は死を耐えてあなたを待った。あなたと曹爽でかれを補佐して欲しい。」司馬懿は言った。「陛下は先帝の属臣に会わないというのが慣例ではないのですか。」とあります。

このように、小帝芳は宮中の権益争いの中で皇帝となり、後ろ盾となる筈の司馬懿は明帝が亡くなった翌2月に曹爽に実権のない名誉職である太傅《たいふ》（兵権は保持）に祭り上げられ、魏の内政は実質的に曹爽が実権を握っていました。もし、卑弥呼が景初三年に難升米を派遣したのであれば、この年は先帝明帝の喪中であり、また、後で詳しく述べますが12月には暦を変更して「後12月」を設けています。この暦の変更も小帝の名前で詔を出しているが実際に執り行ったのは彼ではありません。このような時期に明帝の実子でもなく実権がなく宮中に後ろ盾のいない幼い小帝芳が卑弥呼の使節を謁見して大盤振る舞いともいえる贈り物をするでしょうか。この「後12月」を先帝の命日にし、翌月を正始元年の1月とし、この年から先帝の命日を12月としました。そのような12月にはたして謁見するでしょうか。

五点目に、赤烏二年の春3月に孫権は軍を派遣して遼東を攻撃しています。このとき魏の遼東の守将は撃たれ呉は多くの捕虜を連れ帰っています。この赤烏二年の3月は、景初三年の「4月」にあたります。この派兵は公孫淵の救援要請を受けての派遣でしたが、決して救援するためではありませんでした。魏志の公孫淵伝の入注には「この機会に奇兵を密かに派遣し、戦いを静観して、魏が勝てなければ公孫淵に味方して魏軍を追撃して恩を売り、戦いが長引けば帯方郡などを略奪して公孫淵に天罰を与える。」ことが書かれています。しかし、結果は呉が予想したいずれでもなく早々と公孫淵が負けてしまいました。そこで、呉の軍隊は遼東を略奪したのです。このとき、呉の軍隊はおそらく帯方郡等も略奪して帰ったことでしょう。呉の軍隊がいつ頃引き上げたかは記載されていません。ですから**景初三年の6月はまさに戦争のさなか**であり、少なくとも遼東は大困難に陥っていたことでしょう。帯方郡も混乱していたはずです。そのような時に朝貢を求める使節が帯方郡に着いても郡の太守はその求めに応じることができたか疑問です。当然、呉が遼東を攻めている情報が卑弥呼にも届いていたと考えても不思議ではありません。このような時期に卑弥呼が使節を派遣するはずがありません。

　皇帝の謁見が景初二年であれば、難升米が皇帝に献じた引き出物が粗末であった理由（楽浪・帯方二郡が魏に接収された報を受け急ぎ朝貢の使者を出した）も理解でき、皇帝が以下の詔を出して豪華な贈り物をしたのも理解できます。

　次に魏の皇帝が卑弥呼に賜った詔の全文を見てみましょう。

「親魏倭王卑弥呼に勅を下す。帯方太守の劉夏が使いを遣わし、汝の大夫の難升米次使の都市牛利を送り、汝が献じた男の生口四人、女の生口六人、班布二匹二丈を奉じて到来した。汝の存所は余りにも遠いが、遣使を以て貢献してきた、これは汝の忠孝であり、我は甚だ汝をいとしく思う。今、汝を親魏倭王と為し、金印紫綬を装封して帯方太守に略式で委任する。汝は種族の人々を鎮撫し、努めて孝順させよ。汝の使者の難升米、牛利は遠路はるばるご苦労であった。今、難升米を率善中郎将、牛利を率善校尉と為し、銀印青綬を授与し、引見し労賜して遣わして還す。今、絳地《こうち》の交龍錦を五匹、絳地の縐粟罽《すうぞくけい》十張、蒨絳《せんこう》五十匹、紺青五十匹を以て、汝が献じた貢物の値に答える。また、特に汝に紺地句文《こうもん》錦三匹、細班華《さいはんか》五張、白絹五十匹、金八両、五尺刀を二口、銅鏡百枚、真珠、鉛丹各々五十斤を賜う。みな装封して難升米、牛利に付託するので、還り到着したら目録どおり受けとり、ことごとく汝の国中の人に示し、魏国が汝をいとしく思っていることを知らせよ。それ故に鄭重に汝によき品々を賜うのである」

親魏倭王とは
「親」は礼記大伝に〝親者属也〟とある。
「王」とは秦漢以降皇帝が親族と臣下に与えた最高の爵位。
「親魏倭王」とは魏に属する倭女王に与えた最高の爵位であり、魏の皇帝から見れば倭王は臣下である。又、一説では、漢代までの倭の字意は貶義《へんぎ》であったが、魏の明帝が「親魏倭王」の称号を与えるにあたり、魏の字から鬼を取り去り、左側に〝イ〟（人）を加えて友愛の意思を表したという。

中国のさる学者はこの詔に対し次のようなコメントを書いています。「この僅《わず》か百字足らずの詔書の内容は豊富で、言葉が生き生きとして情熱に溢《あふ》れ、倭王卑弥呼に対する礼遇と感情の抑制を表している。漢以後の歴代皇帝が朝貢国に与えた詔書の中で稀なことである。これは明帝が遼東を平定した軍事勝利後の喜びを反映しているだけでなく、長く途絶えていた倭人の来朝が形成した外夷との情勢変化が満足のいくものであることを現している。呉との戦いにおいて、魏は後顧の憂いを取り除く必要があり、そのためには韓および倭との関係を築き維持する必要があった。魏の明帝は詔書の中にははっきりと女王に「綏撫種人、勉為考順」（種人を綏撫《すいぶ》し、勉《つと》めて孝順《こうじゅん》）すべきであり、魏に不利なことを行ってはならないと促している。」

楽浪・帯方両郡が魏の軍隊に接収されたのが4月から5月の始めとして、卑弥呼は遅くても景初二年の5月には楽浪・帯方二郡が魏に占拠された知らせを受け取っています。急ぎ難升米に「男生口四人・女生口六人・班布二匹二丈」という僅かな献上品を携えさせて、6月に帯方郡に到着し、天子への謁見を願い出ています。帯方郡の太守劉夏は、女王卑弥呼の使節が到着し天子への謁見を願い出ていることを当然都へ急ぎ知らせたでしょう。6月と言えば魏軍と公孫淵の軍が遼水で戦っており、都からの返事を待つ間難升米らは帯方郡に足止めされていた。8月に魏軍が勝利を収めてから彼らは帯方郡の役人と共に都へ上った。11月に司馬懿の大軍は河内《かだい》（黄河以北を指し今の河北省）に凱旋《がいせん》しているので、司馬懿の帰軍と共に送り届けられ11月に洛陽に着いた。遼東での軍事勝利の喜びに浸っていた明帝は、女王卑弥呼の使節が都に着き朝献に来た知らせを受け、その喜びは言わずもがなであった。明帝は盛大な接見を命じ、漢の光武帝が奴国王に金印を賜った故事にならい、女王卑弥呼を「親魏倭王」に封じ、金印紫綬を賜った、このような状況であったと思われます。

これが翌年の景初三年であれば、司馬懿の功績を快く思っていない曹爽がはたしてこのように盛大に謁見を8歳の小帝芳に勧めたでしょうか。しかも小帝芳は1月に帝位を継いだが始めて朝議に出たのは7月でした。景初三年の6月に倭の使者が帯方郡へ着いたのであれば、帯方郡の知らせはやはり7月には都に届いている。朝議に出たばかりの小帝芳に曹爽が倭の使節との謁見を勧めたでしょうか。

やはり、景初二年であったと断定しなければなりません。

先ほども述べましたが、孫権は赤烏二年3月（景初三年の4月にあたる）に遼東の魏の守将張持らを攻め、捕虜を連れ帰っています。景初二年12月に難升米が皇帝に謁見していても、この事件と皇帝の突然の死亡の為に帰国が正始元年になり魏の使節と共に倭国へ帰ったと考えられます。そのことは正始元年の記事を読めばよく分かります。使節は詔により賜った品を携えてきましたが、その品は景初二年の詔に書かれていた品々と合致するからです。詔には難升米と牛利に賜物を付すと書いているが、実際には使節が携えてきています。

賜物の重量

明帝は卑弥呼に多くの賜物を贈っている。錦8匹、布100匹、罽《けい》（獣毛の織物）5帳、白絹50匹、金8両、銅鏡100枚、5尺刀2口、真珠・鉛丹各50斤です。

魏晋時代の、匹は約10メートル、両は13・92グラム、斤は222・7グラムだと言う。錦1メートルを500グラム、布1メートルを300グラム、白絹1メートルを200グラム、罽を一帳2キログラム、銅鏡を700グラム、刀は1・2メートルなので4キログラムで計算すると、576キログラムになる。梱包用の木箱を30キログラムとしておよそ600キログラムです。布関係は少なく見積もったので1屯近くあったと推定できる。

これだけの荷物を伊都国から女王の住む所まで運ぶには、荷夫が30人程必要です。魏使たちは途中での食事関係やテント類も携帯したでしょうから、非常に多くの荷物があったでしょう。

5.「後12月」とは

明帝は、景初元年の正月に、建丑の月を正月にすると宣告し、その年の3月に定歴の年を改めて4月にしました。明帝は景初三年の1月に亡くなり、その年の12月に小帝芳は、「列祖明皇帝は正月に崩御《ほうぎょ》され、臣民は永く命日に深く悲しまねばならないので夏正に戻す。先帝が三統の義に通じていたことに背くが、それが礼制を改変する理由である。また夏正が数によって天正を得るので、建寅の月を正始元年の正月とし、建丑の月を最後の十二月とする。」と詔を出しました。

中国の春秋戦国時代には三つの異なる暦があり、一般に夏暦、殷暦、周暦と呼ばれ、この三者の大きな違いは年の始めが異なり「三統」といい、「三正」ともいいます。中国では古来、王者は必ず三統に精通し……と言われます。周暦は通常「建子の月」（すなわち夏暦の11月）を年の始めとし、殷暦は「建丑の月」（夏暦の12月）、夏暦は「建寅の月」を年の始めとします。また、この三正は暦算上では、各々「天正」（建子の月、冬至月）は太陽光の照射量が最も少ない冬至点の月であり、この月より日中が伸びてきます。「地正」（建丑の月、大寒月）は気温が最も低い月であり、この月より気温が上昇し始めます。「人正」（陰暦の正月、建寅の月、雨水月）は太陽光が冬至と春分の中間で、気温が上昇し始め春の始まりの指標です。中国の現在の農暦は暦算上「天正」を使用して冬至を暦年の始めとし、民間では「人正」を用いて、立春を年の始めとします。「天正」「地正」「人正」をそれぞれ「周正」「殷正」「夏正」とも言いました。ここに出てくる「建子」「建寅」や「建丑」の「建」はどういう意味かといえば、中国の古代天文学では北斗星の斗柄を「建」と言いました。一年で、斗柄は旋回し順次十二辰を指します。これを称して「十二建」といいます。例を挙げれば、夏暦では、建寅の月が正月で、建子の月は11月、建丑の月が12月となります。先に書いた明帝記と小帝記の一文の意味は、明帝が景初元年（２３７年）に正月を「建寅の月」（陰暦の正月）から「建丑の月」（陰暦の12月）に改めたが、景初三年の12月に翌月の正月が明帝の命日となり臣民は毎年1月に喪に伏さなければならなくなるので、翌年の正始元年の正月を元に戻して「建寅の月」とし、「建丑の月」を12月にする。本来正始元年の正月である「建丑の月」は景初三年の12月の後に「後十二月」を設け、以後明帝の命日を12月の1日とする。ということであり、明帝が変更した暦はわずか三年で元に戻ったということです。余談ですが、中国の暦は漢の武帝が紀元前１０４年に「太初暦」に改め、「建寅の月」を正月にして以来二千年間続いていますが、例外として王莽と魏の明帝の時に「殷正」を用い、則天武后と唐の粛宗が「周正」を用いた以外は、「夏正」が用いられてきました。

魏の景初が「殷正」を用いていたのに対し、呉の暦は「夏正」であり、呉の赤烏二年3月が景初三年の4月であったことも説明できます。

景初三年は魏では喪中でもあり小帝芳が始めて朝議に臨んだのが7月で、8月には大赦《たいしゃ》を行っています。そして12月に暦を変更しています。ですから、卑弥呼への答礼の魏の使節が正始元年になったのも、景初三年が喪中であり、景初三年の4月には呉の軍隊が遼東を攻めており遼東が大混乱に陥っていたからです。

	子	丑	寅	卯	辰	巳	午	未	申	酉	戌	亥
周暦	正月	2月	3月	4月	5月	6月	7月	8月	9月	10月	11月	12月
殷歴	12月	正月	2月	3月	4月	5月	6月	7月	8月	9月	10月	11月
夏歴	11月	12月	正月	2月	3月	4月	5月	6月	7月	8月	9月	10月
景初三年	2年12月	正月	2月	3月	4月	5月	6月	7月	8月	9月	10月	11月
正始元年	3年12月	3年後12月	正月	2月	3月	4月	5月	6月	7月	8月	9月	10月

景初三年は子の月が12月で、その後の丑の月を「後12月」とした。

6.「以て卑弥呼死す」

景初二年に卑弥呼が魏に朝貢した後、倭人伝には正始元年（２４０年）から正始八年（２４７年）までの魏と倭国の関係が記載されています。倭人伝は、壱与が魏に朝貢した記事で終わります。その後、女王国がどのようになったかは、晋書にも具体的に記載されておらず、ただ「泰始年間に初めて通訳を重ねて入貢する」とあるだけです。泰始年間とは西晋の武帝（司馬炎）時の年号であり２６５年から２７４年までを指します。少なくとも二十年余りは使節を派遣していません。

倭人伝のこの文章の訳文を次に記します。

「正始元年、太守弓遵は建中校尉の梯儁らを詔書・印綬を奉じて倭国に詣らせ、倭王に皇帝の代理でこれを授け、併せて金布錦・刀・鏡・采物を贈った。倭王は使いに表（天子に差し出す文章）を奉り、天子からの恩典の礼を述べた。その四年、倭王はまた大夫の伊声耆、掖邪狗ら八人を遣わせ、生口、倭錦、絳青縑、綿衣、帛布、丹、木弣、短弓矢を献じた。掖邪狗らは率善中朗将の印綬を授かった。その六年詔により倭の難升米に黄幢を賜り、郡に略式で委任した。その八年、太守の王頎《おうき》が着任した。倭女王卑弥呼と狗奴国の男王卑弥弓呼はもとより不和であり、倭載斯、烏越らを郡に詣でさせ、お互いに攻めあう様を説明した。塞曹掾史《さいそうえんし》の張政らに詔書、黄幢を携えて遣わし、難升米に天子の代理で授け、檄を作ってこれを告諭した。卑弥呼はすでに死んでいた。大きな塚を作り、直径は百歩あり、殉葬する奴婢が百人余り。更に男王を立てたが、国中は服従せず、お互いに殺し合い、千人余りが殺された。また卑弥呼の宗女の壱与十三歳を立て王となり、国中が遂に定まった。張政らは檄を以て壱与を告諭する。壱与は倭の大夫率善中朗将の掖邪狗ら二十人を遣わし、張政らが還るのを送らせた。台に詣で男女生口三十人を献上し、白珠五千個、青大句珠二枚、異文雑錦二十匹を貢いだ。」

陳寿は倭人伝を書くにあたって、どの部分から書き始めたのでしょう。彼はまず景初二年から正始八年の出来事を書き、その後倭国の位置関係や風俗産物などを書いていったと思われます。参考とした資料はそれぞれ記載方法が違うために、後世の人は戸惑い理解の仕方もそれぞれでした。この倭人伝を参考にして記録されたその後の歴代王朝の正史においても、その形跡がうかがえます。後漢書では、女王国を一つの島と考え、奴国がその極南界にあるので、狗奴国を女王国の東の別の島であると解釈しています。梁書では、先に述べた各国の位置関係の理解の仕方もありますが、「邪馬台国、女王の都する所」を「女王の住んでいる所」と書き換え、隋書では「邪馬台国」が「やまと」であると理解しています。

陳寿が参考とした資料がさまざまである故の混乱は前記記事にも見えます。正始元年から四年の記事には、「倭王」が三回出てきます。その後の記事には、「倭王」は出てこなくて、「倭女王卑弥呼」が一回「卑弥呼」が二度出て来るだけです。「卑弥呼」の一箇所は表題にした「卑弥呼以て死す」であり原文は「卑弥呼以死」です。一般には「以て死す」と訳しているようだが、全く意味が判りません。そこで狗奴国との戦いで戦死したとか、張政が告諭したので死んだとか張政が殺したのではとか色々解釈されています。これも、中国文を日本伝統の漢文読み下しで読み、それを日本語で解釈するからおかしなことになってしまうのです。**中国では古来「以」は「已」と同じ意味で使用されることが多く、どちらも現代の発音ではyi（イ）であり、意味は字の如く「すでに」です。張政が倭国へ着いた時には「卑弥呼はすでに亡くなっていた」**のです。

張政はその墓を見たのでしょうか。「大きな塚で、直径が百歩、殉葬者が１００人余り」と書いています。百歩とは一歩を１４０センチメートルとして１４０メートルですからやはり大きな墳墓です。どこにこの墳墓があるのかは記録されていません。これも議論となり飛鳥の箸墓がそうだとかいやちがうとか。しかし、この百人・百歩は、実数ではなく単に「多くの人」「大きい」でしかありません。

そして正始八年にすでに大きな墓ができていたのであれば、卑弥呼は数年前に死亡していなければ墓は完成していません。

この正始元年から四年の記事には女王は出てこないで「倭王」と記録されています。六年以降の記事では難升米が前面に出てきますが、倭王はどこにも現れません。卑弥呼の記事は、昔から狗奴国王との不仲だった事と、死んでいたことと、卑弥呼の宗女壱与と書いているだけです。これは正始六年には卑弥呼は既に亡くなっており倭国の暫定王が難升米であると魏が認識していたからでしょう。なぜなら、正始八年には、すでに卑弥呼の大きな墓が完成していることからも類推できます。

話は変わりますが、卑弥呼は173年には新羅に使者を派遣して招聘していることが「三国史記」の「新羅本紀」に書かれています。

これは明らかに女王になった祝いへの招待であり、卑弥呼がこの年18歳であったとしても、彼女が亡くなったのが246年頃ですから、卑弥呼の在位期間は74年程になり、卑弥呼は90歳を超えていた計算になります。卑弥呼が、いかに「年已長大」（年齢は既に老齢）であろうとも、この年齢では国をまとめることはできないでしょう。「卑弥呼」は以前から指摘があるように、名前ではなく「倭国での女王の敬称」であると考えれば、卑弥呼は一人ではなく何代かの女王が常に卑弥呼と呼ばれたとの推測も成り立ち、卑弥呼は「ヒメミコ」（姫神子・巫女・御子・皇女）と解することもできます。卑弥呼の後に立った「壱与」は名前のようですが、女王になった時には「卑弥呼」と呼ばれたかもしれません。

7・男王は難升米？

難升米とは何者なのでしょう。難升米の名が出てくるのは、景初二年に郡を通じて魏の天子に朝献を求めたのが、「難升米」であり、明帝の詔に二度難升米の名が出てきます。その後正始六年に難升米は詔により黄幢を賜り郡に付して仮授した。「仮授」とは、「仮に授ける」と訳しているのをよく見かけるが、「仮授」は「正式でない委任」であり天子が郡に「略式で黄幢を難升米に与えよと帯方郡の太守に委任」したことを言っているのです。

正始八年までに女王国と狗奴国の争いが帯方郡に伝えられており、王頎は着任早々郡使の張政を倭国に派遣し詔書と黄幢を難升米に「拝假」すなわち皇帝の代理で授与している。そして、檄を作って告諭しています。その時すでに卑弥呼は亡くなっていました。

景初二年に「難升米」は卑弥呼の代理として帯方郡および魏の天子に謁見しています。その際難升米は率善中郎将に任命されています。率善中郎将とは、中郎将は将軍の官位で四品に位置し率善の名前は東夷に与えられています。難升米は魏の皇帝より将軍位を授けられたので魏の臣下として扱われたとみてよいでしょう。

正始元年に初めて魏使が倭国に来て、女王卑弥呼に皇帝の代理で詔書と印綬を授けています。正始六年には難升米は郡にも都にも詣でていないのに黄幢を詔によって授けられ、正始八年に、難升米は女王国の代表として魏の天子の詔書と黄幢を張政より受け取っています。正始六年に難升米に黄幢を授けているのだが、難升米に黄幢を授けているのだが、難升米に

正始六年には難升米は郡にも都にも詣でていないのに黄幢を詔によって授けられ、正始八年に、難升米は女王国の代表として魏の天子の詔書と黄幢を張政より受け取っています。正始六年に難升米に黄幢を授けているのだが、難升米は卑弥呼はすでに死んでいたと考えられるので、魏は難升米に授けているのだが、難升米に黄

幢を与えた意図は何だったのでしょう。魏の認識は「難升米」が倭国の実質的な王と考えたのか、それとも魏の率善中郎将である難升米として扱ったのでしょうか。しかし、正始六年時点には、倭国には率善中郎将は難升米と掖邪狗の二人いました。いずれにしても倭国内で一定の地位と実力が無ければ、魏の皇帝が難升米に直接詔書を出すことは考えられません。卑弥呼には弟がいて国を治めるのを助けています。卑弥呼の弟の可能性もあります。あと考えられるのは伊都国の王です。難升米は景初二年の六月から翌翌年、すなわち正始元年の春まで倭国には不在だったと考えられます。卑弥呼の弟がそんなに長く不在であれば女王国の内政に支障をきたす。やはり、伊都国の王と考えるのが妥当ではないでしょうか。正始八年に張政が倭国に着いた時には卑弥呼は既に亡くなっており、難升米に檄を作って告諭しています。この時には壱与はまだ王になっておらず、男王が立てられました。この文章を再度見てみましょう。

「①その六年、詔によって倭の難升米に黄幢賜い、郡にゆだねて略式で委任した。②その八年、太守王頎官府に到着した。③倭の女王卑弥呼、狗奴国の男王卑弥弓呼ともとより和せず。倭の載斯烏越等を遣わして郡に詣り、相攻撃する状を説く。④塞曹掾史の張政らに詔書、黄幢を贈るために遣わし、難升米に天子の代理としてこれを授け、檄を以てこれを告諭した。⑤卑弥呼はすでに死んでいた。大きな塚を作り、直径は百歩あり、殉葬する奴婢が百人余り。⑥更に男王を立てたが、国中は服従せず、お互いに殺し合い、千人余りが殺された。また卑弥呼の宗女の壱与を立て十三歳で王となり、国中が遂に定まった。張政らは檄を以て壱与を告諭する。」

この文章は①から⑥に分けることができます。①②④⑥が本文で、③は④理由、⑤も⑥に対この文章の重要な所だけを抜粋すると原文では次のように書いています。

遣張政等因齎詔書黄幢拝假難升米為檄告諭之。（卑弥呼以死。）更立男王、国中不服　更相誅殺当時殺千余人。復立卑弥呼宗女壱与歳十三為王、国中遂定。政等以檄告諭壱与。

この文章は張政が難升米に檄で告諭した後、更に男王を（に）立てたのであって、その理由として「卑弥呼……殉葬する奴婢百人余り」を後で挿入しています。

する説明文です。ですから、この文章は張政が難升米に檄で告諭した後、更に男王を（に）立てたのであって、その理由として「卑弥呼……殉葬する奴婢百人余り」を後で挿入しています。

「檄（げき）」とはなんでしょう。広辞苑では「昔の中国の徴召または説諭の文章。木札に書いたという。」とあります。しかし、中国の辞書では「中国古代の官府が発行した比較的重要な下達文で、内容は征召或いは罪状を公に非難したり、糾弾するのに用いた。」とあります。どちらも殆ど同じですが、「征召（せいしょう）」には①兵隊を召集する。の意味以外に②起用する。官職を授ける。の意味があります。

ですからこの「檄」の内容は兵隊を招集するではなく叱責でもなく二番目の「起用する、官職を授ける」の内容でしょう。

先の訳文では「更立」と「復立」です。この文章であと二か所、キーとなる文字があります。「更立」と「復立」です。「更に」「また」としましたが、「更」には「改立」すなわち「改めて立てる」の意味があります。「更立」には「改立」すなわち「改めて立てる」の意味があります。

鮮卑伝にも一箇所「更立」が出てきます。「復立」は別の意味がありそうで「亦立」は「再び立てる」で、「又立」は「また立てる」ですが、「復立」の意味で使用されたと考えられます。《説文》に「復、往来也」とあり、「回復する・元通りになる」の意味で使用されたと考えられます。さらに、張政の役職である「塞曹掾史」とは、郡の役人で「辺境を管轄する役人の」

「亦立」と「又立」があり、「亦立」「復立」を加えると、三文字を使い分けています。文脈から「亦立」は「再び立てる」で、「又立」は「また立てる」ですが、「復立」は別の意味がありそうで鮮卑伝に本来の意味であり「又立」が本来の意味であり「復立」を加えると、三文字を使い分けています。

長」であり、辺境にあっては決定権を持っていたと推測されます。ですから張政は自ら檄を作って告諭することができたのでしょう。

以上より原文を読み解くと「塞曹掾史の張政らに詔書、黄幢を贈るために遣わし、難升米に天子の代理としてこれを授け、檄で以て告諭した。そして（張政は）改めて（難升米を）男王に立てたが国中は服従せずお互いに殺し合い、千人余りが殺された。そこで（張政は）元通りに卑弥呼の宗女の壱与を立て十三歳で王となり、国中が遂に定まった。」となります。

難升米では国中が服さなかったので、王頎の代理である張政は壱与を王に立て、檄を以て告諭したのでしょう。難升米は失脚した後、死んだ可能性があります。壱与が王に就いた後難升米の記事が無く、張政が倭国の安定を見届けて帰国した後、倭国との交流記事が記録されていません。張政が帰国したのは正始八年（２４７年）以降ではありますが、魏が滅ぶ２６６年まで少なくとも16~7年あり、この間に使節の行き来が無かったとすればそれは魏が後押しした難升米が失脚したからに違いありません。

難升米が王に就いたあと国中が乱れたのは、女王国が鬼道によって統治されていた証であり、難升米は恐らく鬼道とは関係なく女王国以外の人物であったからでしょう。それを魏はよく理解していなかったが為に難升米を王に立ててしまったのでしょう。このようにして見ると難升米はやはり伊都国の王であったのではないでしょうか。伊都国は女王国の属国であり正式な女王国の成員ではありませんでした。

では、魏の皇帝が難升米に黄幢《こうとう》を与えた意図は何かといえば二通り考えられます。まず第一に、狗奴国の存在であり、呉と狗奴国の関係を察知した魏が難升米に黄幢を与えることにより倭国における呉の影響力を取り除こうとした。正始六年に難升米に賜った黄幢が彼の手元に来たのが2年後の正始八年になったのは、韓の反乱で帯方郡の太守弓遵が死亡し新任の王頎の着任まで待たなければならなかった事と同年に卑弥呼と狗奴国の争いの情報が帯方郡にもたらされた為に急ぎ張政を派遣したとする説です。

二番目の考えは、韓の反乱で朝鮮半島が混乱しており、そのために帯方郡太守の弓遵も死んだ。この状態を早期に鎮静化させる為に魏の率善中郎将である難升米に黄幢を授け、朝鮮半島に出兵させようと目論んだとする説です。後者であれば、太守不在といえども急ぎもたされたはずであり、やはり前者と考えるのが妥当でしょう。

「塞曹掾史」

漢が僻地の郡を統治するための組織はすでに解明されている。太守の下は組織化された官僚が多く配置されており、その中の政法官「諸曹掾史」の一つに「塞曹掾史」があった。この役職は「辺境の地を管理監督する部署の長」であり、張政の管轄範囲は諸韓国と倭国であったと思われる。太守王頎は帯方郡に着任早々倭国の混乱を耳にして、辺境管理のトップである張政を直ちに倭国へ派遣したのです。魏がいかに倭国を重視していたかがこの文面で読み取れる。塞曹掾史が倭国に派遣されたのですから、今回も多くの兵士を同行したことでしょう。狗奴国とのいざこざが収まったのも、お互いに殺しあって千人あまりが殺されたこともよく理解できる。正始元年の使節が「魏使」であったのに対し、正始八年の使節は「郡使」でした。

8．倭国には三人の王がいた

倭人伝には三人の王が出てきます。女王卑弥呼、伊都国王、狗奴国男王卑弥弓呼の三人です。私はすでに「王とは皇帝が親族もしくは臣下に与えた最高の爵位」だと説明しました。陳寿は春秋学の学者ですので、皇帝から王の称号を受け「王印」を所持するもの以外を王と記載することはあり得ません。陳寿は東夷伝の中でもその事を明確に記しています。高句麗伝には「漢の光武帝八年高句麗王は朝貢し始めて王の称号を得た。」濊伝には「正始八年宮廷に詣でて朝貢し、詔により不耐濊王を拝する。」韓伝には「辰王は月支国を治める。」とあります。陳寿はまた勝手に王を自称している場合の事も書いています。濊伝には「四十余世朝鮮候准は王を僭称す。」韓伝には「候准すでに王を僭称し……韓の地に住み韓王を自称する」とあります。

ですから、伊都国王も狗奴国王も正式に皇帝から得た称号であることが判ります。倭人伝には「この国は本男子を以て王と為し、とどまるところ所7・80年」とあります。57年に委奴国の首長が「漢委奴国王」に柵封《さくふう》され、107年に倭国王帥升が朝貢したのは「漢委奴国王」の後継者として追認を受けるためだったと解されます。その後、7~80年間男王が続いたが国が乱れ、173年頃卑弥呼が首長になり、238年に魏への通行が可能となったので早速使節を派遣し、新たに「親魏倭王」の称号と金印を受領しています。

であれば、伊都国王とは「漢委奴国王」の印を所持する実権と実態のない「委奴国」の後継者なのでしょうか。江戸時代に筑前那珂郡の志賀島（現福岡市東区）で発見された金印に「漢委奴国王」と刻印されていたことは有名です。この金印の読み方には諸説あり、「漢の倭の奴国王」が有力ですが、「委奴」を「いと」と読む説もあります。この説であれば、伊都国王はやはり後漢の光武帝から「漢委奴国王」の金印を給わった伊都国王の末裔であり、陳寿はそのことを認識していたことになります。

ここからは想像の飛躍ですが、海洋民族の倭（伊都国＝投馬国）が後漢の皇帝から王の称号を得ていたと考えるのも面白いではないでしょうか。この王こそ「漢委奴国王」であり、漢代から楽浪郡と交易し漢に朝貢していた海の民（海洋民族）だったのではないでしょうか。

狗奴国王卑弥弓呼はいつ誰から王の称号を拝したのでしょうか。呉の孫権からでしょうか。陳寿の三国志は魏を正統とし、本紀は魏志にしかなく、蜀志では劉備は先主伝、呉志では孫権を呉主伝と言っています。しかし呉主伝によると黄龍元年に孫権は皇帝に即位し、父孫堅に武烈皇帝の名を贈っています。陳寿は孫権が皇帝に即位したことを認めています。また孫権は公孫淵に燕王の爵位を贈っています。狗奴国王の称号を呉の皇帝孫権から贈られたものであっても、陳寿は王と認めたでしょう。面白くなってきましたね。狗奴国王の称号が呉より得たものであれば、女王国と狗奴国の戦は魏と呉との代理戦争であり、魏が黄幢を難升米に与えた意味も明確になります。また、日本国内で出土している呉の年号「赤烏〇年」の銘のある銅鏡の謎も氷解し、三角縁神獣鏡は呉鏡の様式であり呉の工匠により日本で作られたとする王仲殊氏（元中国社会科学院考古研究所長）の説も現実味を帯びてきます。

そして、魏使が見た倭国には、倭（投馬国）と女王国と狗奴国の三か国があったとする私の説の強力な後押しとなり、この三か国は、時代は違いますが、後漢・魏・呉より冊封を受けた「王」の封地であると陳寿は言っているのでしょう。陳寿が意図した魏志倭人伝の全体像も見えてきました。そして陳寿は三国志に「三」を各所に配置しているのです。中国本土の三国（魏蜀呉）、韓の三韓（馬韓・弁韓・辰韓）そして倭国の三国。

三角縁神獣鏡

三角縁神獣鏡は、景初三年と正始元年銘のあるものがこれまでに計4面出土しており、このことから三角縁神獣鏡は卑弥呼が明帝より賜った100面の銅鏡であり、近畿地方から多く出土していることから邪馬台国近畿説の根拠の一つになっていた。しかし、三角縁神獣鏡はすでに500面以上出土しており、しかも、例えば京都府木津市の椿井大塚山古墳からは内行花文鏡2面、方格規矩四神鏡1面、画文帯神獣鏡1面、三角縁神獣鏡32面が出土し、神戸の西求女塚古墳からは三角縁神獣鏡7面、画文帯神獣鏡2面、神人龍虎画像鏡1面、半肉彫獣帯鏡2面が、奈良県天理市の黒塚古墳からは三角縁神獣鏡33面と画文帯神獣鏡1面が出土している。このように三角縁神獣鏡は一か所の古墳から大量に出土しており、この時代（4世紀）にはすでに貴重品では無くなっていたことが窺《うかが》い知れる。

右記の出土銅鏡は三角縁神獣鏡を除けばそれらは明らかに中国からの舶載《はくさい》鏡であり、これらが一か所に1面若しくは2面しか同時に埋葬されていないのは、これらがやはり数が少ない貴重品であった証である。

最近の日本の研究では、まず泉屋博古堂が蛍光X線分析を京都府の久津川車塚古墳及び奈良県の黒塚古墳出土の三角縁神獣鏡で調査を行い、鏡の材質が前漢後期から三国時代に制作された古代鏡とほぼ一致するとしている。また、従来文紋の違いから舶載鏡（中国製）と仿製鏡（日本製）に分類していたが、近年精密三次元計測が行われ、これまで舶載鏡としていた鏡と仿製鏡とされていた鏡に同鋳型であるものが見つかっている。しかし、どこで作られたかは依然判っていない。

中国の王仲殊氏はじめ多くの学者は日本で作られたものであるとの立場をとっている。その根拠として、

1. 中国では三角縁神獣鏡はこれまで1面も見つかっていない。朝鮮半島でも出土例はない。
2. 中国では三角縁の銅鏡の出土例は浙江省の紹興付近でしかない。
3. 中国での出土状況から見れば、内行花文鏡、方格規矩四神鏡は漢鏡もしくは魏鏡だが、画文帯神獣鏡、神人龍虎画像鏡は会稽もしくは鄂城で作られた呉鏡である。そして、三角縁神獣鏡は神獣鏡と画像鏡の組み合わせであり、呉の様式が色濃く残っている。
4. それ以外に、銘の分析と、大きな鏡も問題にしている。
5. 製造工程においても、鄂城の学者は「古代中国における銅鏡の製法はすでに規範化されており、まず模母が作られる。模母は縁と中心に乳頭がある泥で作られた鏡の上に別に彫塑された神獣などを置いたものである。それを乾燥させその模母から陰模を作り、この陰模に決められた紋様を彫り乾燥させてから焙焼する。銘文もこの陰模に彫られる。焙焼した陰模から陽模を作りやはり陰干ししてから焙焼する。この陽模から粘土で泥範を作り焙焼して陶範即ち鋳型を作る。鋳型にはただ中心に紐穴のための紐心（粘土で棒状にしたもの）だけを取り付ける。模母も陰模も陽模も何度も使用できるので、鋳型は同時に多く作ることができ銅鏡の量産を可能にしている。中国の銅鏡製造においては陰模および陽模の段階では神獣等の基本デザインの修正を絶対に行わないが、三角縁神獣鏡にはこの修正跡が見られる。中国製では模母の製造とその後の行程は分業制であるため模母のデザインの修正はタブーである。これが中国製ではない理由の一つです。二点目は、三角縁神獣鏡では紐を通す位置がバラバラで同範鏡であっても位置が異なっている。これは、「心座」（棒状の泥紐を取り付ける位置にあるへこみ）が無いために、位置が固定されていないためである。魏の銅鏡には工程上この「心座」があるが、呉の銅鏡にはこの心座がなく、紐の取り付け位置（上下になったり左右になったり）がバラバラである。

以上から三角縁神獣鏡は呉の製法によく似ているが、やはり違う。魏鏡でもなく呉鏡でもない。したがって日本で作られたとしか考えられない。銅鏡の製作工程は相当に複雑であるが量産できる。三角縁神獣鏡は数千枚（多分５０００枚）程度作られたと仮定したら、素人だけでは不可能であろう。このことより呉の鋳造の技術者が製造したのではないかと考えられる。但し、神獣の表情と陰模段階での修正を考えれば彫塑の技術者はいなかったといえる。」と言っている。

９．倭国大乱

魏志倭人伝に「この国　もと男子を王として、70～80年経った。倭国は乱れ、何年もお互いに攻めあった。一女子を王に共立した。」とあり、後漢書には「桓帝・霊帝の間、倭国は大いに乱れ、互いに攻め合い、暦年主なし。一女子あり　名を卑弥呼という。歳長じて嫁せず、鬼道に仕え　よく妖を以て人を惑わす。ここに共立して王となす」とあります。桓霊の間とは１４６年から１８９年の間と考えられます。「三国史記」の「新羅本紀」には１７３年「倭の女王卑弥呼が使いを寄こして招いた。」（二十五年五月倭女王卑弥呼　遣使来聘）とあります。これは確かに漢の霊帝の時で、１０７年に倭の国王帥升が朝貢した後、倭国の朝貢の記事が途絶えているので、帥升が亡くなった後で倭国大乱が起こったであろうとの推理も成り立つわけです。１０７年から１７３年の女王擁立まで64年ですから、少なくとも40～50年は国が乱れていたと言えます。

また、一方では後漢書は明らかに魏志を参考として書かれていますが、独自に「桓霊間」と「暦年無主」を追加しています。後漢では190年に董卓が乱を起こし、それに伴い遼東の公孫度も自立しています。その後、204年に公孫度の子、公孫康は楽浪郡の南の荒地を分屯して帯方郡を設けています。

陳寿が編纂した魏志倭人伝の元資料は、魏使若しくは帯方郡からの報告書であり陳寿は「暦年無主」とは記録しておらず、後漢書の編者はどのような根拠に基づいたのでしょうか。少なくとも190年から238年に帯方郡が魏の手に落ちるまでの50年間、倭の情報は大陸の政権には入っていませんでした。また、董卓が洛陽から都を長安に強制的に移す時、洛陽の町に火を付けて焼いてしまいました。後漢の朝廷が保管していたあらゆる資料関係も灰燼に帰してしまったと思われます。ですから、後漢の正史は、三国志が編纂されて100年以上経ってやっと編纂されているのです。後漢書の倭伝は編者と言われている範曄《はんか》が、魏志をベースにして、その他史書の断簡を寄せ集めて編纂したようです。建武中元二年（57年）の奴国の朝貢や、永初元年（107年）に倭の国王師升らが朝貢を請うた記事などがそれでしょう。「暦年無主」と「倭国王師升」の記事より師升が亡くなってから、王位争いで倭国に乱が起きたという仮説も生まれましたが、「暦年無主」が編者の推測であった場合、この仮説も瓦解します。後漢書が編まれた南朝宋の時代は魏から晋へ、そして南北朝に分かれた動乱の時代であり、この大陸の混乱状況とダブらせて倭を考えた後漢書の編者である範曄の当然の帰結が生んだ言葉と考えられます。

では、倭国大乱の原因はなんだったのでしょうか。

第一に考えられるのは上述した倭国の王位継承争いですが、これはすでに倭国という統合体制が確立していたことが前提になります。しかし、「漢の時には１００国ほどがあり、魏の時代にも朝貢する国が30国あった」のですからこの可能性は低く、緩やかな連合体制であったと思われます。

しかし、この倭国大乱が既に述べた20か国を含む「奴国連合」内での争いであると考えれば、王帥升が死亡した後、強力な指導者が居なくて国が乱れたが、卑弥呼が現れ国が安定したとの見方もできます。次に、楽浪・帯方郡および韓国との交易権を巡って争ったのが大乱の原因とする考えがあります。これも対馬海域の制海権を握っていた「倭」との同盟なしには考えられません。

三番目は、新たな渡来人との土地争いが考えられます。しかし、渡来人集団との争いであれば局地的な争いであり、それが大乱の原因になることは殆ど可能性が薄い。

四番目の可能性は、食糧不足による食糧および土地の奪い合いです。２世紀頃より始まった寒冷化は６００年程続いたといわれています。その事は三国志等にも記録されており、曹操は銅雀台に柑橘《かんきつ》類を植えたが、開花はしたものの結実しなかったとあります。また、２２５年、曹丕《そうひ》は、淮河《わいが》の広陵で兵の演習を視察した際、寒さが厳しく、淮河が突然氷結し演習を中止しなければならなかったといいます。３６６年には渤海湾の昌黎《しょうれい》から営口まで三年連続氷結し、氷上を馬車と軍隊が往来できたといいます。また、朝鮮の三国史記新羅本紀には、「１９３年

6月倭人大いに飢え、食を求めて来るもの千余人」とあり、朝鮮側に住んでいた「倭」も食糧難に陥っていたことが分かります。後漢の末に黄巾の乱が発生していますが、これも飢饉で流浪していた民を張角が結集して起きた乱です。その後、各地に群雄割拠し後漢は滅亡していきます。ですから倭の地においても寒冷化による作物、特に米の不作が発生していた可能性があります。

もう一つの食糧不足の原因として考えられるのは、人口の急激な増加でしょう。耕作可能な土地が少なくなれば当然食糧と土地の奪い合いが発生します。

何が原因であったかは、今では推測の域を出ませんが、右記の考えられる原因が一つではなく複合した結果大乱が起こったのではないでしょうか。

中世寒冷期

L・Mルビー氏は、屋久杉の年輪ごとの酸素と水素の同位元素比を調べた結果、2～3世紀の気温は低かったと言っている。

山本武夫氏は三国史記より「冷涼指数」を割り出し「洪水数」「大雪数」との比較から、100年から250年の間は他と較べて明らかに冷涼指数が大きく、当時の東アジアにおける冷涼な気候を示しているという。

金沢大学の藤原則夫氏は北陸での2メートルの海水面の低下を考え、その時の気候の低下は年平均して1～2度であったと推定している。

10. 倭の産物の記録

魏志東夷伝の冒頭には、次のように記されています。「漢の時代には西域の状況がよく判り、朝貢しない国はなかった。公孫氏が三代に亘って遼東を治めていた間、天子は海外のことを彼らに委ねたので、東夷の国々とは通行がなくなった。景初年間に兵を興して公孫淵を滅ぼしたので東夷は屈服した。最近ついに諸国のことが良く判るようになったので、その法と俗、大小の区別、その呼び名を詳しく記すことができた」とあります。そして、東夷の国々の状況を以下に記しています。しかし、産物などの記録は、扶余では「名馬、赤玉、貂、美珠あり」、挹《ゆう》婁《ろう》では「五穀、牛、馬、麻布あり」、濊南《わいなん》は「麻布、蚕桑、作綿あり」、韓は「穀物を植え、養蚕を知り、綿布を作る、鉄がでる」程度しか記録されていません。それに対して倭人の項では「禾稲《かとう》、紵麻《ちょま》を植え、養蚕して糸を紡ぎ」「この地には、牛・馬・豹・トラ・カササギはいない」「真珠・青玉を産出し、山には丹があり」「樹木には枏・杼・予樟・櫪・投橿・烏号・楓香あり、竹に篠・簳・桃支あり、姜・桔・椒・茗荷あり」「さる・黒キジあり」と実に多くの産物を記録しています。特に、注目すべきは多くの植物名です。これら漢字の植物がどの植物に該当するのかも興味がありますが、最大の興味はなぜ倭国においてのみ植物の調査まで魏の使節が行ったのかということでしょう。

本草学の知識がなければ、当然のことですが植物の名前を記録することはできません。伊都国に駐在した郡使は本草学者を伴ってきたのでしょう。本草学は薬草等を研究する学問であり、未知の倭国で植物調査を行い、すでに名前のある植物はその名前を記録し名前の判らない植物は標本等を持ち帰ったものと思われます。倭国は史記に記載された徐福が留まった洲ではないかの調査であったのでしょう。その証拠に「その人寿考、或いは百年、或いは八九十年」と記録しており、霊薬が存在するのではと考えていたと思われます。

　次にこれら漢字の植物が何にあたるかが判れば、彼らが調査した地域がおおよそ判明します。私が比定する名前は過去に学者が比定した名前と多少はずれているかも知れません。

枏	楠の字と同じクスノキの仲間、中国ではクスノキと区別されているが日本には自生していない。したがって、形態のよく似た植物として「タブノキ」が妥当か。
杼	どんぐりのことで、椎（スダジイ・ツブラジイ）では？
予樟	「クスノキ」が妥当。
木柔	ボケ・あるいはクサボケ、現在この漢字に相当する植物は中国でも不明。
櫪	櫟と古くは同じ。一般にカシワの仲間を指すがクヌギが妥当。
投	この字は明らかに誤りであり不明。
橿	材木は堅く強靭で車輪に適しているという。カシの仲間（ウバメガシ・アラカシ）が中国にも自生しており妥当、照葉樹林を構成する。
烏号	弓に用いられた。ヤマグワか。

楓香	中国の「フウ」であり、日本には自生していない。大陸では独特の香りのある樹脂を「楓香脂」と言い薬用にする。本草学に詳しい者が「フウ」と「カエデ類」を間違えるはずもなく、朝鮮南部にも分布しているので同時に記載したと考えるのが妥当。
篠	《字林》に小竹なりとあり、「シノチク・アワダケ」などが妥当。
桃支	葉は小さな棕櫚のようであり、杖に用いるとあり、「ホテイチク」が妥当。
姜	ショウガ　桔：タチバナまたはコミカン　椒：サンショウ　茗荷：ミョウガ

昔、かの有名な植物学者・牧野富太郎博士は、椿は「ツバキ」に非ず「チン」なり、楓は「カエデ」に非ず「フウ」なり、いずれも日本には産せず。「ツバキ」「カエデ」を椿、楓と書くは当て字なりと言いました。楓香をカエデとする説は誤りです。

魏志が倭国の植物名を残してくれたおかげで、魏使がどこまで行ったかも推測できます。以前も述べましたが、西暦の始めから６００年間ほど寒冷化が進み現在より平均気温が低かったと推測されています。郡使が倭国に駐在したのが２４０年以降とすれば寒冷化の真っただ中であり、照葉樹林帯も今より南へ後退していました。右記植物は主に照葉樹林を構成する植物であり、一部（コミカンなど）は暖地の海岸の近くに自生しています。この当時、このような植生が見られたのは、瀬戸内海沿岸と四国・九州であったと推定できます。したがって魏の使節の一員に本草学者が加わっていたとしても、彼は九州の中部までしか調査していないと思われます。

11．倭の風俗

倭人伝に記録された風俗は海洋民族である「倭」と農耕民である「女王国」の民の習俗が混在しています。

「入れ墨」と「潜水」および「持箕《じさい》」の俗は明らかに、海洋民族である「倭」の風俗です。鹿の肩甲骨を用いた「卜占《ぼくせん》」は壱岐と朝鮮南部の遺跡からは出土していますが、九州からは出土例がありません。海洋民族の成年男子は事故等での死亡率も高かったと推測すれば、「大人四、五婦、下戸二、三婦」も「匈奴」と同様の習慣（親・兄弟が死んだ場合その夫人を婦人として迎える）があった結果であり「倭」の風俗でしょう。「倭地は温暖、冬夏生菜を食す」も、対馬暖流が流れる対馬・壱岐の習慣と思われます。その他は、概ね内陸の稲作の国の習慣と思って間違いないでしょう。

この中で特に注目すべきは、すでに社会に階級が現れていることで、これは倭即ち海洋民族にも「入れ墨」の入れ方で尊卑の差があると言っています。しかし、稲作民ほどの階級差は認められないようです。稲作民においては、身分の差が歴然としており、下戸が大人と道で逢えば、下戸は草叢に入って道を避けるとか、大人（身分の高い人）を見れば手を拍ち、大人と話をするときは蹲《うずくま》るか、跪いて手を地に付けると書いてあります。稲作民がこのような身分制が現れるのは、支配者と被支配者の関係です。通常、原始的な農耕民族の村は共同体であり、指導者的な人物が現れても非生産的な支配者が現れることはありません。支配者が現れるケースとしては、村同士の争いで敗れた一方が支配される場合があります。しかし、非生産的な支配者階級が発生するには地主階級が発生しなければなりません。

九州の稲作民は中国の戦国時代に戦の難を逃れた農民集団が江南から波状的に入植したと考えられます。彼らは、灌漑施設を作り、湿地や平地を開墾して稲田を広げていきました。魏略には「その旧語を聞くに、太伯《たいはく》の後裔と自らいう」とあり、太伯とは「史記」呉太伯世家によれば、周の太王には長男の太伯のほか二人の子供がいました。末弟の季歴《きれき》は優れた人物だったので、太伯は季歴に王位を譲るために呉の地に落ちのび、呉の太伯と称されるようになったとあります。これは伝説として呉の住民に受け継がれ、江南から稲作の技術を携えてきた渡来民にも伝承されていたのでしょう。

江南から直接入植したであろう証拠の一つに「ヒガンバナ」があります。ヒガンバナは中国の江南地方が原産であり、球根には毒があるがこれを水で晒せば救荒作物になります。また、田の畔に植えておけばモグラが忌《い》み嫌い畔《あぜ》に穴を開けないといいます。ヒガンバナには非常に多くの別名があり熊本県の国府高校の調査によれば1000近くの別名があるといいます。牧野富太郎博士は「シビトバナ、シゴクバナ、キツネバナ、キツネノタイマツ、キツネノシリヌグイ、ステゴグサ、シタマガリ、シタコジケ、テクサリバナ、ユウレイバナ、ハヌケグサ、ヤクビョウバナなどのいやな名もあるがハミズハナミズ、ノダイマツ、カエンソウなど雅びな名もある。」と書いています。これほど多くの別名がある植物はほかには見当たりません。このことからもヒガンバナが遠い昔から稲作民の身近にあった証でしょう。ですから江南からの入植者は稲作道具と共にヒガンバナの球根を携えてきたものと考えられます。しかし、不思議なことに現代日本語で使用されている稲作に関する用語のルーツが未だに不明なことです。「こめ」「いね」「もみ」「なえ」等はもちろんのこと「あぜ」「しろ」「た」等々どこから入ってきたのか未だに判らないのです。しかし、言葉は人と栽培技術と共に入ってくるのが当然であり、言葉だけが独り歩きするはずもありません。やはり呉・越の古い言葉だと考えるよりほかありません。

大野晋博士はインドのタミル語に多くの類似語を見出し、タミル語起源説を唱えました。しかし、言葉は人と栽培技術と共に入ってくるのが当然であり、言葉だけが独り歩きするはずもありません。やはり呉・越の古い言葉だと考えるよりほかありません。

稲作関連の言葉に「もち」があります。「もち」(mochi, moji, mozu) 等の話し言葉はどこから伝わったのでしょう。当然、「もち」自体が伝わると同時に言葉も伝わったと考えられます。中国の北方では元来もちを食べる習慣がありませんので「年羹」(nian gao) といいます。このことから、日本も中国の紹興や福建、台湾、そして沖縄の「もち」を表す話し言葉のルーツは全て同じであるといえるでしょう。ネパールの「モモ」もおそらく同じ語源だと思われる。

しかし、浙江省の紹興付近では磨糍「mozi」といいます。又、台湾では、「moa chi」福建でも「moa chi」、沖縄では「ムーチー」「ムチ」と言うそうです。このことから、日本も中国の紹興や福建、台湾、そして沖縄の「もち」を表す話し言葉のルーツは全て同じであるといえるでしょう。

中国語の発音記号で「zi」は日本での表記では「tu」と「zu」の中間ぐらいでしょう。

紹興は会稽の近くで寧波にも近く、このあたりから舟山群島を経由して多くの稲作民が日本列島にたどり着いたのでしょう。この江南からの入植者も後から辿り着いた者ほど優秀な武器を携えて来ました。彼らは先に入植していた稲作民を追い払ったり、支配者になったりしました。その後、朝鮮半島から渡ってきた北方民族が彼らを支配して身分制度が形成していったと考えられます。

しかし、卑弥呼の時代、北九州における稲作民の国は奴国連合即ち女王国であり、女王国において身分制度がすでにできていました。これは、強力な奴国が内陸の20か国を支配し各国（各集落）に大人を配置して管理監督した結果生まれた身分制度であり、「国国市あり、有無を交易し、大倭をしてこれを監督させ」たのも「租賦《そぶ》を収め」させたのも理解できます。そして、強力な支配者がいたからこそ「その法を犯すや、軽き者はその妻子を没し、重き者はその門戸および宗族を没す。」ことができたのです。

稲作の伝播経路

日本への稲作の伝播経路には、朝鮮半島経由説・江南説（直接ルート）・南方経由説の三説があり、今も議論が続いている。最近まで朝鮮経由説が有力であったが、近年農学者の佐藤洋一郎は中国・朝鮮・日本の水稲のＳＳＲ（ゲノム上に存在する反復配列）マーカー領域を用いた分析調査でＳＳＲ領域に存在するＲＭ１－ａからｈの８種類のＤＮＡ多型を調査し、中国にはＲＭ１－ａからｈの８種類があり、ＲＭ１－ｂが多く、ＲＭ１－ａがそれに続くこと、朝鮮半島はＲＭ１－ｂを除いた７種類が存在し、ＲＭ１－ａが最も多い。日本にはＲＭ１－ａ、ＲＭ１－ｂ、ＲＭ１－ｃの三種類が存在し、ＲＭ１－ｂが最も多いことを確認。ＲＭ１－ａは東北を含めた全域で、ＲＭ１－ｂは西日本が中心であることなどから日本の水稲は朝鮮半島を経由せずに中国から直接伝播したＲＭ１－ｂが主品種であり江南ルートで伝播し、また、朝鮮半島はＲＭ１－ａが主品種であり日本でも北九州に分布していることから朝鮮半島経由の伝播もあったことが報告されている。

第六章：女王の都はどこか

1．卑弥呼の女王国はどこにあったか

通説では、女王国＝邪馬台国と考えられています。私はこの説に否定的な考えを述べてきました。投馬国は対馬国のことであり、次から始まる21か国は伊都国から女王の住む所までの道筋とその周辺にある国だと、説明しました。邪馬台国とは邪馬の高台であることも説明しました。そして、女王国とは奴国のことであり、20か国は集落的な地区の名称であり、邪馬台国は女王国の都のある町であることもすでに述べています。

ではは女王国（奴国）はどこにあったのでしょうか。この21の国（集落）は現在の福岡市から九州道沿いに荒尾あたりまでと、佐賀から長崎道を東に日田あたり、それと福岡市の東に小倉あたりまでに点在していたとみられます。明治大正期の邪馬台国論争において地名の比定についても、橋本博士は畿内説を唱えた内藤博士の地名比定に対し「何らの力を有するものにあらず」と否定したうえで、和名抄の郡郷等について音声の類するものを収集して適当な地名を比定する試みを行っている。私も同様に現在の地名でもって比定を行うことは可能ですが、これはあくまでも遊びの域をでません。

		筆者比定地	橋本博士比定地
1.	斯馬国	福岡県糸島市志摩	筑前国志摩郡（福岡県糸島市周辺）
2.	已百支国	福岡県みやま市高田町海津	肥後国合志郡（熊本県　熊本市北部から菊池市の一部）
3.	伊邪国	福岡県若宮市竹原佐野神社	肥前国伊佐早（長崎県諫早）
4.	都支国	佐賀県鳥栖市周辺	肥前国小城郡（佐賀県多久市・小城市）
5.	弥奴国	福岡県新宮	肥前国三根郡（佐賀県三養基郡上峰町周辺）
6.	好古都国	福岡県博多	肥後国菊池郡（熊本県　菊池市）
7.	不呼国	不明	肥前国伊福郡（長崎県瑞穂町）
8.	姐奴国	福岡県筑紫野市周辺	肥後国竹野郡（福岡県久留米市・うきは市周辺）
9.	対蘇国	福岡県久留米市鳥巣	肥後国阿蘇郡（熊本県阿蘇全域）
10.	蘇奴国	福岡県太宰府市佐野	肥後国佐野郷（熊本県　　）
11.	呼邑国	福岡県小倉市許斐町	肥後国川内郡（鹿児島県川内市）
12.	華奴蘇奴国	福岡県大牟田市花園	肥前国神崎郡（佐賀県神埼市）
13.	鬼国	福岡県筑後市大字久江	肥前国彼杵郡（長崎県　長崎市周辺）
14.	為吾国	不明	肥後国生葉郡（福岡県八女市・うきは市）
15.	鬼奴国	福岡県北九州市若松区久岐の浜	肥後国城野郷（熊本県　菊池市の一部）
16.	**邪馬国**	**福岡県八女及び、みやま市（旧山門郡）**	**筑後国八女（福岡県　八女）**

17. 躬臣国　福岡県鞍手郡鞍手町大字室木越　肥前国巨勢郷（佐賀県小城市の一部）
18. 巴利国　福岡県朝倉市杷木久喜宮　肥後国波良郷（熊本県　　）
19. 支惟国　福岡県八女市津江　肥前国基肄郡（佐賀県鳥栖市、基山町の一部）
20. 烏奴国　福岡県築上郡上毛町宇野　筑前国大野郷（福岡県大野城市）
21. 奴国　福岡県福岡市（儺県）　筑前国儺県（福岡県福岡市周辺）
卑弥呼の時代には内陸まで勢力を拡大
22. 末盧国　佐賀県唐津　肥前国松浦郡（長崎県　松浦市周辺）
23. 伊都国　福岡県糸島　筑前国怡土郡（福岡県　糸島市周辺）
24. 不弥国　福岡県糟屋郡宇美町　筑前国宇美　（福岡県宇美町）
25. 投馬国　対馬・壱岐　筑後国三潴郡（福岡県久留米・柳川・筑後の各一部と大川市の全域）
26. 邪馬台国　福岡県八女もしくはみやま市の高台　筑後国山門郡（福岡県みやま市周辺）

筆者の比定地と橋本博士の比定地を見比べて頂きたい。21奴国から24不弥国まではほぼ同じですが、その他は殆ど異なっています。これは比定地を探すにあたり、前提が異なっているからです。橋本博士はまず邪馬台国の位置を山門郡に比定し投馬国は当然その北にあると考えています。位置が記載されていない20か国は遠くにあると魏志倭人伝にあるので長崎・佐賀・熊本を中心に探し比定したと考えられます。一方筆者は、20か国は女王に会うために歩いた道筋にあるかその周辺であろうという前提で比定しています。このように、倭人の発音を漢字表記し、倭人の発音もこの漢字の発音も当時の発音が明確でない状況において、しかも前提条件を作って比定しているので橋本博士が言ったように学術的にはなんら効力を発揮できるものではありません。

しかし、私が勝手に比定した現在地ですが、地図を見ていただければあり得ると思っていただけるのではないでしょうか。以前私は伊都国の比定地として伊万里を考えたことがあります。理由は伊都国には良港が無ければならない。以前にも述べましたが、この時代は小氷期であり平均気温が今より1~3℃ほど低かった。当然、海岸線も後退し少なくとも水位は2~3メートル低かったと思われます。この時代の良港とは湾内であり波が殆どなく強風の影響も殆ど受けないことです。果たして糸島の周辺にこの条件に合致する港があるでしょうか。もう一つの理由は「伊万里」という名前です。「伊」は「伊都」の伊であり、「万里」は帯方郡から伊都までの距離を思い出してください。帯方郡から狗邪韓国までが七千余里、狗邪韓国から対馬が千余里、対馬から一大国も千余里、そして一大国から末盧国が千余里、その後陸路500里で伊都国と書いています。一大国から末盧によらず直接伊都国へ行ってもおそらく千余里でしょう。帯方郡から伊都国までは一万余里ということになります。ですから伊万里の「万里」とは帯方郡から伊都国までの距離と解せば説明が付きます。伊都が伊万里であれば、末盧は現在の松浦あたりになり、奴国は佐賀平野の吉野ヶ里あたりに比定できます。しかし、伊万里にはそれらしい遺跡が発掘されていないこと（もしあるとすれば湾内の海の底）、伊万里の名前の由来に確かな伝承がないことが証拠不十分になります。伊万里の名前の由来には二説（仮説）あり、一つは「紀飯麻呂起源説」で、奈良時代に活躍した紀朝臣飯麻呂にちなむとされる説で、江戸末期の儒者草場佩川が、紀朝臣飯麻呂が奈良時代に伊万里を訪れたことにちなむと提唱しましたが、奈良時代の文献からはそのような事実はたどれないといいます。二番目は「条里制起源説」で、「伊万里の里は条里の里」と言われていますが、これも後世の「伊万里文書」（1269年）という文献を根拠にしており、当時の資料での確認がとれないことから、事実であるかは定かでないという。ですから今回の伊都国の比定地は敢えて定説を記載しました。しかし、伊都国＝伊万里説も捨てがたいです。この説であれば最初に出てくる奴国はあり、後で出てくる奴国が南の境界でしょう。この説であれば最初に出てくる奴国は女王の西の境界であり、後で出てくる奴国が南の境界でしょう。

それでは、女王卑弥呼の住まいはどこにあったのでしょうか。何度か示唆らしき事は書きました。

卑弥呼は「王となりしより以来、見る者少なく、婢千人を以て自ら侍せしむ。ただ男子一人あり、飲食を給し、辞を伝え居処に出入りす。宮室・楼観・城柵、厳かに設け、常に人あり、兵を持して守衛する。」とあります。この場所がどこなのかを検討しましょう。

「邪馬国」の比定地を前記表では、八女もしくは、みやま市（旧山門郡）と書きました。なぜ「八女」も候補地かと言えば、現代中国語では「me」の発音は「ま」と「も」の中間で「ま」に近く「め」の発音はありません。ですから「八女」も日本語表記では「ya ma」になります。私は「邪馬国」は八女から旧山門郡一帯にあったと考えてしかしこれは多分にこじつけです。私は「邪馬国」は八女から旧山門郡一帯にあったと考えています。では卑弥呼の住まいである「宮室・楼観・城柵を設け、兵を持して守衛」していた場所は、現在のみやま市高瀬の愛宕山が第一候補に挙げられるでしょう。卑弥呼はこの高台の楼観から眼下に広がる田園地帯を眺めていたのでしょう。この時代有明湾の水位は下がり現在よりも田園地帯は広かったことでしょう。また、近くには「女山（ぞやま）神籠石《こうご》」もあり、狗奴国が攻めてきた場合に立て籠って戦ったとも考えられます。京都が京の都の意味と同じで、山門（やまと）は、「邪馬（やま）の都」の転化でしょう。先に「都」は「宗廟のある地」とも言いました。では卑弥呼の宗廟はどこにあったかと言えば、現在のみやま市の南方に「石神山（せきじんやま）古墳があります。ここからは更なる想像の飛躍ですが、この古墳こそ「卑弥呼の墓」であり、この古墳は東西に延びる丘陵の西の端標高56メートルの地点に位置するといいます。卑弥呼の宗廟はこの丘陵の古墳より東の方向に位置していたと考えれば面白いではありませんか。「邪馬台」とは邪馬にある高台であるという私の説にも合致します。

資料によれば「石神山古墳」は墳丘が三段構成で全長が58・5メートルあり、葺石と埴輪を備えています。1911年（明治四十四年）に地元民が付近を開墾中に発見され、大中小3基の舟形石棺と武装石人が掘り出されました。石棺はそれぞれ2・37メートル、1・89メートル、1・32メートルであり内部には朱が塗られていました。副葬品は剣片、刀片、銅釧、鍍銀《とぎん》銅器が出土。石人は高さ1・06メートルで冑《かぶと》を被り、三角抜鋲留知甲と草鞋を装着し、赤色顔料で塗られていました。この三棺の主が卑弥呼と卑弥呼の世話をしていた男子（倍葬）と、あと一人は倍葬された卑弥呼が可愛がっていたであろう子供だと考えれば面白いではありませんか。

しかし、この古墳の築造時期は5世紀中頃だという。本当に5世紀に築造されたのでしょうか。

もう一箇所、候補地を挙げてみましょう。八女市の六所宮神社及び矢部川の南に何か所かある小高い丘（天満神社がある丘等）が邪馬の高台の候補地に挙げることができるでしょう。これらは高台になっていて上部が平たくなっています。非常に理想的な候補地です。

みやま市及び八女市のみなさん、是非私が指摘した箇所を調査してください。もし何か出てくればみやま市・八女市は有名になるし、何も出てこなくても「邪馬台国比定地」としての夢は残るのですから。

2. 邪馬台国東遷説は成立するか

邪馬台国東遷説なるものがあります。多くの学者がこの説に賛同されています。和田博士の説を上村博士が要約されているので、その文章を拝借します。「和田博士によれば邪馬台国が東征したと考えるべき理由は三つある。第一には地名である。北九州に山門などの古地名が残っているのに対して畿内には固有の地名としてのヤマトはなく、後に付けた国名としての大和があるだけである。これは邪馬台国を継いだものに違いあるまい。邪馬台国は3世紀半ば頃、日本で最も有力な国家であった。もし当時畿内により強力な国家があれば直接大陸に通じないわけはない。しかも倭人伝による限り、そうした形跡は全く認められない。第二には文化の問題である。畿内は銅鐸文化の中心であり、北九州は銅剣・銅鉾の文化の中心であった。しかも前者の記憶は全く失われて大和朝廷には伝わらない。この点から大和朝廷は北九州の文化を代表していると考えざるを得ない。第三には神話の解釈である。記紀の日本武尊がイズモタケルやクマソタケルを平定した物語は、西日本が漸く統一に向かった時、天下を三分する勢力が大和の勢力と出雲の勢力と熊襲の勢力であったことを語るものである。然るにそこから北九州は除外されている。少なくとも大和朝廷の伝説には北九州の勢力を平らげた話だけがない。却って神武東征の話があって、九州から大和を従えたことになっている。これから考えれば、神武天皇東征の話がどれだけ史実を伝えたものかは不明としても、少なくともその話の筋の中には北九州の勢力が大和にうち入った記憶だけは留めているのではあるまいか。」以上が和田博士の説の大要とあります。私は和田博士の論文を読んだことが無いので拝借しました。

この文章を読むとなるほどと思います。しかし、肝心なことが論じられていないようです。それは、邪馬台国が東征しなければならない必然性です。なぜ東遷したのかを説明できなければ、いくら状況証拠が揃っていてもこの説は成立しません。私はすでに「邪馬台国は邪馬国の高台であり女王国（奴国）の中心である」ことを証明したので、「女王国の東遷説」が成り立つのかどうか述べていきます。まず、女王国は土地に根差した農業国です。農耕民族は遊牧民族や漁労民族と異なり、土地を耕し種をまき汗水たらして収穫したものを糧に生活しています。一方、遊牧民は牧草を追い求めて移動します。漁労民も魚介類を求めて移動します。しかし農耕民族はよほどのことが無ければ移動しません。農耕民が移動しなければならない理由を求めれば、第一に土地を追われた場合であり、これは強力な異民族が侵入した時や近隣の国との抗争に敗れた時です。二番目には、人口が増え新たに開墾できる土地が無くなった場合に一部の民が新天地を求めての移動です。三番目は気候変動により乾燥化が進み、土地が荒れて耕作不能になったために新たな新天地を求めて移動する場合です。

一番目の場合には東遷するだけの力はなく流浪の民になってしまう。二番目も、支配者は動かないで農民だけが移動します。三番目の形跡は見当たりません。

東遷が成立するためには、指導者が強力な軍隊を従えて侵入し、既存の民を従わせなければなりません。しかし、農業を基盤とし朝鮮中国との交易で裕福な女王国が、その有利な立地を放棄してまで東遷しなければならない理由が見つかりません。しかも河内平野や奈良盆地は当時決して稲作に適している土地ではなく、且つ朝鮮半島との交易においても不利な立地です。このような土地になぜ東遷しなければならないのでしょうか。後のヤマト政権は立地的には決して肥沃で豊かな土地ではありません。この土地の政権が日本列島を制覇していく過程は強力な軍隊を組織し、周辺諸国を撃破して服従させ租税を徴収することで更に強力になっていったのです。このような思考回路は農耕民族には稀薄であり、遊牧民族もしくは海洋民族の考え方でしょう。このことを念頭に置いて九州からの東遷が成り立つケースを考えてみましょう。

ケース１：朝鮮半島から異民族が侵入し北九州には短期間滞在した後、再度船で難波津に上陸した場合。

このケースを想定するには、朝鮮半島から強力な武器を携えた集団が大挙して渡ってきた場合ですが、先ず朝鮮半島にいた「倭」を征服若しくは味方に付けて倭の船で北九州へ渡ってこなければなりません。騎馬民族等の内陸民族が海を越えて来るには必ず「倭」の協力なくしては不可能です。彼らはおそらく博多付近に上陸し内陸の国（女王国の後裔）と抗争したでしょうが、内陸の国も朝鮮半島との交易で優秀な武器を持った集団でした。そのために、侵入者は再度倭の船で瀬戸内海を東に進み、東の果てである難波津あたりに上陸し、先住民を征服して王国を打ち立てた。

　このケースでは、先ずいつの時代であったかを想定する必要があります。好太王碑によれば、４０４年に「倭が帯方地方に侵入してきたが、これを討って大敗させた」とあり、この記事で倭の記事は最後となります。また、三国史記の新羅本紀では、４００年以降だけで、４０５年から５００年までに15回倭が攻めてきた記事があり、これを最後に次に出てくるのは６７１年の白村江の戦いです。６７１年の記事は明らかに北九州から船出していますが、５００年までの記事は朝鮮半島の倭と考えて間違いないでしょう。一方、百済本紀では、３９７年の「王、倭国と好を結び、太子腆支を以て質と為す」以降、４２８年までの六回使者の往来が記録されています。その後、記録は途絶え次に出てくるのは、６０８年の隋の裴世清が倭国に行く時に、百済の南路を辿ったという記事で、次に６５３年「王、倭国と好を通ず」です。３９７年に好《よしみ》を結んだ倭国と６５３年の倭国が同じであるかの議論は差し置いても、４２８年に急に国交が途絶えたのでしょうか。この三者（好太王碑・新羅本紀・百済本紀）から類推すれば、５世紀の早い時期に朝鮮半島の「倭」の全て、または一部は異民族に支配されたか若しくは提携したと考えられます。

ケース2：朝鮮半島の「倭」の一部が北九州の「倭」と共に、難波津へ侵攻した場合。

1のケースで見られるように「倭」は頻繁に朝鮮半島の新羅と高句麗に侵入しています。侵略の理由として考えられるのは、朝鮮の「倭地」には資源および食糧が乏しく、強奪によってのみ生活が成り立っていたとしか考えられないからです。その「倭」も三か国を敵にするので、はなく百済とは好を結んだのでしょう。しかし、新羅が防塁を築き武器も充実してきたので、倭の方にも被害が大きくなってきた。そこで、一部の指導者が配下の兵士と共に北九州へ上陸し、その後北九州の「倭」と共に瀬戸内海経由で難波津から河内を攻略した。彼らであれば、戦慣れし船を所有していたし操船も巧みであり、朝鮮の最新の武具も持っていたであろうし、戦慣れしていたので河内から大和への侵略も容易だったでしょう。福岡・下関の住吉神社と難波の住吉大社は共に海人の守り神でありそのことを暗示しています。

1および2のケースで考慮しなければならないことは、大仙陵古墳（仁徳天皇陵）の成立年代です。出土した円筒埴輪や須恵器の特徴から、5世紀前半から半ばに構築されたと考えられています。しかし前方部埋葬施設の副葬品は5世紀後半との鑑定もあります。副葬品には「甲冑并硝子坏太刀の破片」や「金具存せざる鉄刀二十口斗」が見つかっています。この甲冑はひさし付のかぶとと短甲で、冑には鋲留めされた金銅製のこざねと鉢の胴巻きに円形のたれ飾りを下げ、眉庇に透かし彫りが施された豪華なものです。甲（よろい）は金銅製の横板のたれ飾り、鉄刀は装具さし付のかぶとと短甲で、冑には鋲留めされた金銅製のこざねと鉢の胴巻きに円形のたれ飾りを下げ、眉庇に透かし彫りが施された豪華なものです。右の前胴が開閉するように脇に二個のちょうつがいを付けており、鉄刀は装具のないシンプルな刀、ガラス坏は緑系のガラス壺と白ガラスの皿がセットになっているといいます。またこの古墳の造営には毎日千人の人夫が働いても千四百日を要するという試算もあります。

大仙陵古墳から発掘された甲冑は明らかに大陸風であり、朝鮮半島からの渡来民族が在来民族を征服して打ち立てた王朝です。大仙陵古墳の成立年代を450年前後と設定した場合、この王朝の成立年代は5世紀始め以前に設定しなければならない。1、2どちらのケースでも仮説として成立する。記紀には「神功皇后が新羅に遠征し、九州へ戻った時に応神天皇を生んだ。そしてカゴサカ・オシクマの二兄弟を滅ぼして大和に入った」と記されています。記紀の作者は神功皇后を卑弥呼に比定していますが、この記事は「新羅と戦っていた民族が朝鮮から北九州に上陸し、その後畿内に入り土地の豪族を滅ぼして大和に入った。」言い伝えがあったに違いありません。記紀によれば応神の即位年が庚寅の年（おそらく390年・450年?）と言いますから私の仮説は共に成り立ちます。そして書紀の応神記には、壬辰の年（392年・452年?）には「安曇の連を海人の宰とする」394（453年?）年には「海人部、山守部をおく」と記載されており、海を渡る操船に功績のあった「倭」すなわち「海人」への恩賞に違いありません。その後、応神以後には秦氏の祖である弓月君が人夫百二十県を、東漢氏の祖阿知使主が党類十七県を引き連れて帰化し、その後も多くの帰化人がやってきました。彼らを船で運んだのも「倭」即ち「安曇族」であったでしょうし、もし当時の大和の支配者が彼ら帰化人と血統上もしくは過去になんらかの繋がりがなければ、これほど多くの帰化人が渡ってくることは考えられません。以上二つのケースは曾て江上教授が唱えた騎馬民族説を思い浮かべる方もおられるだろうが、私は肯定も否定もしません。

私の1と2のケースは、和田博士の根拠とした三点の内、第三番目は前記の説明で問題ないが、一番目の地名に対しては説明がつきません。二番目の銅鐸に関しては1世紀から2世紀にかけて製造され、2世紀末には使用されなくなったという説が有力ですので、除外できます。では一番目の地名についてはどのように説明できるでしょうか。それは第三のケースで説明できそうです。

ケース3：卑弥呼の鬼道が西日本へ広まりついに奈良方面まで拡大した。

卑弥呼の鬼道を信奉する人々が、西日本から近畿地方へ入植し、4世紀には奈良地方まで広がった。やがて、信奉者の集団は、卑弥呼の後裔を奈良地方に迎え入れ、この地を拠点とするようになる。その後、鬼道は徐々に形を整えながらやがて神道へと発展していった。そしてこの神道は時の支配者と強く結びつくようになり支配者の娘が神道のリーダーとなっていく。やがて伊勢神宮が建立され、その習慣がひきつがれ天武帝の時に斎宮が制度化され大伯皇女が初代斎宮となる。この奈良地方を卑弥呼の故郷である「ヤマ」と都を表す「ト」で「ヤマト」と呼ぶようになり、当初は「大倭」の字を当てていたが、やがて「大和」の字を用いるようになった。しかし、この説では時の支配者即ちヤマト政権がどのように成立していったかの説明が欠けています。東遷を前提にするならば、ケース2でしょう。なぜなら、卑弥呼の時代に女王国は「倭」の船で度々帯方郡を訪れている。更に本来「倭」の国である伊都国は女王国に隷属していた。魏が滅び西晋の時代になると、女王国と西晋との関係は疎遠となり女王国が帯方郡へ朝献する頻度も減り、たぶん女王国は主に朝鮮側の「倭」と交易していたと推測される。その関係で、「倭」が東征する時、女王国を素通りして瀬戸内海を東に向かったものと思われる。卑弥呼の鬼道もこの時に同時に東へ向かったとも考えられる。

私は、邪馬台国東遷説なるものが、成立するケースをだらだらと羅列してきました。しかし、考えてみるとこんな仮説をいくら並べても全く意味をなさない。何故なら、この邪馬台国東遷説なるものは、邪馬台国論争において「近畿説」と「九州説」の折衷案としてひねり出された代物だからです。

現時点で言えることは、遺跡の発掘調査により3世紀には女王国と同規模もしくは、それ以上の国が各地にあった。吉備、出雲、大和などがそうである。

本来、文献研究により考察すべき邪馬台国を、考古資料に基づく邪馬台国論争は本末転倒と言わねばならない。考古資料は、ただ邪馬台国のような国がそこにあったことを指し示しているに過ぎない。

3.「倭」の足跡

記紀の国生み神話をよく読むと、海神系に三系統あることが判ります。第一にイザナギ・イザナミ系の「大綿津見《だいわたつみ》」、二番目はイザナギ系の安曇《あずみ》の連の祖である上中底の綿津見神で守護神が墨江の三前の大神（住吉大社の三神）、三番目にスサノオ系の宗像の三女神（宗像大社の三神）です。一番目の「大綿津見」は明らかに土着の海人であり、広島県の鞆《とも》ノ浦の「沼名神社」や鹿児島の「飯倉神社」などに祀られているといいます。二番目の安曇の連の住吉大社は大阪府住吉区にあり、三大住吉神社は福岡県博多と山口県の下関にあり、それ以外の住吉神社は対馬・壱岐を始めとして広島そして兵庫県の瀬戸内海に面した地域と大阪府に多く存在します。私の生まれ育った神戸の住吉神社（東灘区）も立派なものです。

三番目の宗像神社は、福岡県の宗像大社を中心にして鳥取・岡山・奈良・京都・静岡・千葉・栃木・埼玉・青森まで点在し、宗像系の神社は五番目に多いと言われています。先に述べた安芸の宮島の厳島神社も市杵島神社も宗像系です。

この三系統を見比べると、第一系統は土着の海人、第二系統の安曇系は主に朝鮮南部と対馬の「倭」の系列であり、第三系統の宗像系は壱岐と北九州を拠点としていた「倭」の系列でしょう。なぜなら安曇系の住吉神社は男系の三神を祭り、宗像系は女系の三神を守護神としているからです。安曇系も宗像系も元は同族であったことを示唆しており、男系は主に交易と侵略の民となり、女系は素潜りを主体とする漁労の民として日本全国に枝村を作って広がっていったと解釈できます。宗像即ち胸形とは胸に入れ墨をしている海人であり、魏志倭人伝に記録された「黥面文身し、よく沈没して魚鰒をとる」集団である。プロローグで「壱岐の島」とは「いちきしま」であり「厳島神社」は古くは「伊都岐島神社」と書かれたと提示しました。また、神武には海人系即ち「倭」の血が色濃く流れています。これは何を示唆しているのでしょうか。やはりアマテラス系を朝鮮系と理解すれば、朝鮮系の人が朝鮮・対馬系の「倭」と婚姻により同盟することで、朝鮮から九州の筑紫の日向（日が向かうところ）に上陸し、その後瀬戸内を通って大阪の住之江に上陸したのでしょう。この傍証が豊玉姫命（綿津見系）と山幸彦（アマテラス系）の夫婦を祀る神社が対馬と壱岐・平戸まで和多都美神社として残っており、その侵略ルート上に安曇氏、すなわち朝鮮・対馬系の「倭」の守り神として博多・下関・住吉に格式の高い式内社である住吉神社が建てられたに違いありません。

「各地の海人が訳の分からない言葉で騒ぎ立てて命（おそらく海産物を納めよという命令）に従わないので、安曇の連の祖である大浜宿祢を派遣して、騒ぎを鎮めたので、海人の宰に任命した。」と日本書紀の応神天皇紀にあることは既に述べました。私の考えは、この各地の海人とは宗像系の海人であり、大浜宿祢は渡来系すなわち住吉三神を祭る朝鮮・対馬系の海人であった。どちらも「倭」であり、共通の言語を母語としていたので、大浜宿祢は海人の騒ぎを鎮めることができたのではないだろうか。「倭」すなわち海人は、魏の時代（3世紀前半）には、北九州・壱岐の倭は日本列島の海辺に拡散して漁労を生業とする海人（アマ）と呼ばれていたが、4世紀後半頃には、北は、同一民族として朝鮮南部から北九州まで割拠して漁労を生業とする海人（アマ）と呼ばれていたが、4世紀後半頃には、北九州・壱岐の倭は日本列島の海辺に拡散して漁労を生業とする海人（アマ）と呼ばれていたが、そして、朝鮮・対馬独自の風習と言語は維持していたことが日本書紀からうかがい知れます。そして、朝鮮・対馬系の「倭」は、4世紀の前半頃に加羅の王族とともに北九州から大和まで侵入し、その後支配者層の一部となったのでしょう。その棟梁が安曇氏でしょう。

また、安曇氏は「海人津見」が転化したものであり、「津見」は「住む」の意味であるという説に従うなら、「安曇」とは「海に住む人」の意味になります。古事記には「安曇連は綿津見神の子、宇都志日金析命の子孫なり」とあります。又、新選姓氏録には「安曇連は綿津見豊玉彦の子、穂高見命の後なり」とあります。綿津見（ワタツミ）は「海神」とも書き「ワタ」は海の古語、「ツ」は「の」、「ミ」は「神霊」の意味なので「海の神霊」の意味だと言う説もあります。

律令制度のもとでは、安曇連は内膳司、即ち天皇の食事を司る部署の長官でした。安曇連が天皇家と近く天皇家の信頼が厚くなければこのような職に就くことはできないでしょう。また古来より神に供される御贄（おにえ）には海産物が主に供えられました。これも天皇家が「倭」に近い証といえるでしょう。

時代が下って、白村江の戦いで水軍を束ねていた安曇比羅夫が戦死したのち、朝鮮半島に住む「倭」の勢力は壊滅していきました。任那とか加羅といわれた国の事です。朝鮮系の「倭」の勢力の内、ある者は新羅の体制に組み入れられ、ある者は北九州・瀬戸内海の「倭」は藤原純友を中心に海運業と海賊を生業としていったのでしょう。10世紀には瀬戸内海の「倭」には村上水軍や塩飽水軍などが挙げられ、海外に雄飛した「倭」もいました。彼らの一部は朝鮮から中国沿岸で海賊を働き乱を起こしています。その後、瀬戸内海で勢力を伸ばした「倭」には村上水軍や塩飽水軍などが挙げられ、海外に雄飛した「倭」もいました。彼らの一部は朝鮮から中国沿岸で海賊を働き、ある者はベトナムからシャムまで雄飛しましたが、江戸時代に「倭寇」と呼ばれて畏れられ、ある者は入り鎖国政策とともに姿を消していきました。現在では、各地に残る海女だけが当時の風俗を受け継いでいるのでしょう。

おわりに

魏志倭人伝を原文で精査していると、陳寿の編輯《へんしゅう》姿勢がいかに真摯なものであったかをひしひしと感じとれます。彼は当時未知の国であった倭国を、手に入る限りの資料を駆使して描こうとしています。確かに、現代人から見れば不思議な記述もありますが、これはむしろ陳寿が資料に忠実であった証であると解釈すべきでしょう。魏志倭人伝には謎は何もない。もしまだ謎があるとするならば、その謎を作ったのは我々日本人であり、官話で書かれた倭人伝を日本語で読み、地図のない時代の記述を正確な地図で読み解こうとしたために多くの謎を生み出してきたのです。このことは真摯《しんし》に反省しなければなりません。

私は、この書で可能な限り海洋民族としての「倭」にスポットを当ててきました。日本の古代史において海洋民族の役割は大きかったと考えられますが、何故か歴史学者は海洋民族を無視しているようです。日本列島は海に囲まれており無数の島があり、そこで活躍してきた海の民の役割は計り知れません。縄文時代及び弥生時代という時代区分がありますが、これは主に農耕民の歴史であり、海の民は国家体制の端に追いやられた結果だといえよう。

古人類学はゲノム解析技術の進歩で飛躍的に発展しました。現生人類はアフリカを5、6万年前に脱出し、早くも4、5万年前にはオーストラリアに到着したことも分かってきました。現生人類の足跡はほぼ解明され、ネアンデルタール人の全ゲノム分析も完了し、現生人類がネアンデルタール人と混血していたことや、オセアニア人のDNAには第三の人類と言われるデニソワ人の血が入っていることも解明されてきました。20世紀の終わり頃より、ミトコンドリアDNAとY染色体のハプログループの分析で、女系と男系のルーツも調べることができるようになりました。日本においてもこれらの分析で日本人のルーツも大まかには判ってきています。しかし、分類が都道府県別に行われており、職業（農耕民・漁民）のような分類では行われていません。そこで、人類学者にお願いしたいことは、漁村ごとに分析し、男系（Y染色体）と海女さんについてはmtDNA解析を是非行っていただきたい。日本列島の海岸伝いに散在する漁民のルーツが解れば、農耕民のルーツも明らかになってくるでしょう。

■魏志東夷伝全訳（筆者訳）

漢書には、〝東に行けば海に至り、西に行けば砂漠につく〟と書いている。その九服の制は得ることができると言う。しかし、荒域の外であり、何度も通訳を重ねてたどり着くのは、足跡も轍もない所で、まだ知られていないその国の風俗は異なったものである。眺め渡せば、西戎は白環の献があり、東夷は粛慎の貢ぎがあり、どちらも稀な事であり、その遠いことも同じである。漢は張騫を西域に遣わし、河の源を究め、諸国を遍歴し、遂には都護を置いて支配した。その後西域の事情は知られるようになり漢書に詳しく記載された。魏が興り、総てを西域のことは知り尽くした訳ではないが、その大国である亀茲、于窴、康居、烏孫、疏勒、月氏、鄯善、車師は漢に属していた。朝貢のない年がなかったのも、漢の時代の事である。そして公孫淵まで三世代が遼東にあり、天子はその絶域のため、海外の事を任せたので、遂に東夷とは隔絶し、諸国と通じることが出来なくなった。景初年間に、軍隊を派遣して、公孫淵を誅し、また軍を密かに海に浮かばせ、楽浪・帯方郡を収め、その後安定したので東夷は屈服した。その後高句麗が背反したのでまた軍を派遣してこれを討ち、はるか遠くまで追及し、烏丸、骨都、沃沮を過ぎ粛慎の庭を踏破し、東に大海を臨んだ。長老は異面の人ありと言う。最近そこに出かけ、諸国を巡視して、その法と俗、大小の区別、各々有無と名称を採取し、ついに詳細を記録する事が出来た。夷荻の国ではあるが、俎豆（祭器）の形が残っている。中国は礼を失い、四夷に信を求めるのと同じである。故にその国を撰し、その同異を並べ、前史の不備を補う。

筆者注：九服とは、中国周代に千里四方の王畿を中心に、その外５００里ごとに一服として分けた九つの区域。侯服・甸服・男服・采服・衛服・蛮服・夷服・鎮服・藩服の九つをいう。

筆者注：粛慎とは古代東北民族で満族の祖先と言われている。

俎豆とは古代の祭器で、皇帝が群臣や客と飲宴時に食物を盛る二種類の礼器。俎と豆。

扶余は長城の北にあり、玄菟を去ること千里、南に高句麗、東は挹婁、西は鮮卑と接し、北に弱水がある。四方は二千里ばかり。戸数は八万、その民は土着し、宮室・倉庫・牢獄がある。多くは山稜で沢は広く、東夷の域では最も広々としている。土地は五穀に適しているが、五果は植わっていない。その人は粗大であり性質は勇ましく慎み深く、侵略しない。国に君王あり、六畜の名を官とし、馬加、牛加、猪加、狗加、大使、大使者、使者がある。邑落に豪民がおり、下戸は皆奴僕である。諸加はそれぞれ四か所から出て、大きい者は数千家、小さい者は数百家を数える。飲食はみな俎豆を用いる。爵位を与えられたり降格させたりするときは手を合わせて行う。殷正の月（旧暦の十一月）に天を祭り、国中大いに会合し、連日飲食歌舞を行い、その名を迎鼓と言い、この時は刑罰を行わず、囚人を解き放つ。国では衣服は白で、白布の大袂、袍、褲を着て革鞜を履く。国を出るときは、刺繍した錦の着物を着て、大人はキツネ・白貂、黒貂の上着を上に羽織り、金銀で飾られた帽子を被る。通訳が辞を伝えるとき、跪き地に手をついて話す。刑は厳しく、人を殺した者は死罪で、その家人を没収し奴婢にする。窃盗は十二倍を賠償する。男女は淫らで、婦人が嫉妬すればこれを殺す。特に嫉妬を憎み、すでに殺した屍を国の南山の上にさらし、腐敗させる。女の家人がこれを得んと思えば、牛馬を交換にこれを与える。兄が死ねばその妻は匈奴と同じ風俗。この国はよく家畜を養い、名馬を産出する。赤玉・貂鼬・美珠を産出し、珠の大きい物はナツメのようである。弓矢・刀・矛で兵備し、家々に鎧がある。国の老人は自らを古の亡人という。城柵を全員で作り、牢獄に似たものがある。道を行くとき昼夜を問わず老若みな歌を歌い、一日中声が絶えない。軍事または祭天あれば、牛を殺しその蹄を見て吉凶を占う。蹄が割れていれば凶、合わさっていれば吉。敵があれば、諸加は自ら戦い、下戸は食糧を担いでこれに従う。その死には、夏は氷を用い、人を殺して殉葬し、多い者は百を数える。埋葬は手厚く、椁はあるが棺はない。

注記1：魏略にはその俗は停喪五か月で永ければ栄誉である。その祭の亡くなった人は老若を問わない。喪主は速い葬儀を欲せず他人はこれを強いる。常に諫められて終えることを節度とする。その喪に居る男女は皆純白で、婦人は顔を布で覆い、腕輪を外し、概ね中国と相彷彿する。

扶余は元玄菟に属す。漢末、公孫度は海東に進出し、外夷を屈服させたので、扶余王の尉仇台は遼東に属した。時に高句麗と鮮卑は強く、公孫度は扶余を二虜の間に置き、宗女を妻にした。尉仇台が死に位居が立った。嫡子がなく、処子の麻余がいた。位居が死に、諸加は麻余を共に立てた。牛加の兄の子の位居は大使となり、財政をよく施したので、国人は彼に付き、毎年京都に詣で貢献した。正始年間に、幽州刺史の毌丘倹高句麗を討ち、玄菟太守の王頎を扶余に詣でさせたので、位居は大加を派遣して出迎え、軍糧を提供した。李父牛加に二心あり、位居は李父親子を殺し、財物を没収し、簿峻に官を送らせた。昔扶余の習俗は、天候不順で五穀が実らない時、王に責任をなすりつけ、王を改易し或いは殺した。麻余が死に、その子依慮が六歳で王になった。漢の時、扶余王の葬儀は玉の箱を用いた。常に玄菟郡に預けていたが、王が死に葬儀があるとそれを取り返した。公孫淵が滅び、玄菟郡の蔵になお玉の箱があった。今扶余の蔵に玉の璧があり、公孫珪と瓉数代の物で、伝世の宝で、老人は先代の賜物だという。この印には〝濊王之印〟とあり、国の故城に濊城があり、元濊貊の地で、扶余の王はその中で自ら〝亡人〟といった。

高句麗は遼東の東千里にあり、南は朝鮮、濊貊と、東は沃沮と、北は扶余と接する。丸都を都とし、方は二千里ばかりで、戸数は三万。大きな山と深い谷が多く、平野はない。山谷に沿って居を構え、食と水を潤す。良田がなく、畑を耕すが、口腹を満たすことはできない。その俗は食を節約し、宮室を良く治め、住まいの左右に大きな建物を建て、鬼神を祭り、又故人と社稷（国）を祀る。その人性格は凶暴で、侵略を好む。その国に王あり、その官に相加・対盧・沛者・古雛加・主簿・優台丞・使者・皂衣先人があり、尊卑各々等級あり。東夷の古い話では扶余の別種であり、言語と諸の事の多くは扶余と同じだが、その気性、衣服は異なる。元五族あり、涓奴部・絶奴部・順奴部・灌奴部・桂婁部がある。元涓奴部が王であったが、徐々に衰微し、今は桂婁部がこれに代わる。漢の時鼓吹の奏者を賜り、常に玄菟郡より朝廷の服と衣幘（被り物）を受け、高句麗は主に名と籍の管理を命じられた。後少し驕り昂り、郡に詣でなくなり、東の界に小さな城を築き、朝服と衣幘をその中に置き、年ごとにこれを取りに来た。今胡族はこの城の名を幘溝楼という。溝楼は高句麗の城の名なり。それに官を置き、対盧がいれば沛者を置かず、沛者が居れば対盧を置かない。王の宗族、その大加は皆古雛加を称す。涓奴部はもと国主で今は王ではないが、大人と縁続きなので、古雛加の称号を得て、また宗廟を建て、故人と社稷を祀ることができる。絶奴部は代々王と婚姻を結び、加古雛の号がある。各々の大加はまた自ら使者を置く。皁衣先人の名は皆王に達し、卿太夫の家臣のように、会同で座起するが、王家の使者と皁衣先人は同列にはできない。この国の大きい家は畑を耕さず、座食者は万余人で、下戸が遠く米雑穀魚塩を運んでこれを供給する。この民は歌舞を好み、国中の集落で夜に男女が集まり互いに歌い遊ぶ。大きな倉はなく、家々に小さな倉があり、名を桴京という。その人清潔を好み、よく酒を醸す。蹲って拝するとき一脚を伸ばし、扶余と異なり、道を行くときは皆走る。十月に天を祭り、名を東盟という。その公の会では、衣服は皆錦を金銀で刺繍し自らを飾る。大加・主簿は頭に幘を被り、その小加は折風を付け、形は弁のようである。その国の東に大きな穴があり隧穴という。十月に国中で大いに会を開き、隧神を迎え国の東でこれを祭り、神の座に木の隧を置く。牢獄は無く、罪があれば諸加が評議して、これを殺し、妻子は没収して奴婢にする。その俗は婚姻を行い、すでに決まれば、女の家は大屋の後ろに小屋を建て、名を婿屋という。婿は夕暮れに女の家の戸外に行き、蹲って拝み、女と宿を共にすることを乞う、再三乞うた後、女の父母は小屋に泊まることをゆるし、傍らに銭と布をおく。子供が生まれ成長すると婦人は家に帰る。その俗は淫らで、男女は既に結婚していても、終わりの衣を作って送る。弔いは厚く、金銀財宝をことごとく死者と共に送り、積石で封をして松柏を並べて植える。その馬は小さく山に登るのに適している。国人は気力があり戦闘を習い、沃沮・東濊みなこれに属す。また小水貊（北方の民族）あり。高句麗の都は大きな川の傍らにある。西安平県の北に小さな川があり、南へ海に注ぐ。高句麗の別種がその小さな川の傍らを都としている。その名に因んで小水貊と言い、良弓を産する、いわゆる貊弓はこれ也。

王莽が初め高句麗の兵に胡を征伐せよと命令したが、行わないので、強く迫ったが、皆塞外に逃亡して寇盗した。遼西の大尹の田譚はこれを追撃したが殺された。州郡県は過ちを高句麗候になすりつけ、厳しくとがめて上奏した〝貊人は罪を犯したが、候には罪はなく、且つ慰める。今いやしくも大罪を被り、これを恐れついに反す。〟王莽は聞き入れず、詔でこれを撃った。高句麗候は斬られて、その首は長安に送られた。王莽は大いに喜び、天下に布告し、高句麗の名を下句麗とした。この時に侯国となり、漢の光武帝八年、高句麗王は朝貢し始めて王の称号をえた。

殤・安帝の間、句麗王宮は数回にわたり遼東を侵略し、更に玄菟に属した。遼東太守の蔡風と玄菟太守の姚光は宮が二郡を害するので、兵を興しこれを征伐した。宮は偽って降参し和を請うたので二郡は進まなかった。宮は密かに軍を派遣して玄菟を攻撃し、候城を焼きつくし、遼東に入って吏民を殺した。後宮は再び遼東を犯し、蔡風はこれを追撃したが、軍は敗北した。

宮が死に、子の伯固が立った。順帝と恒帝の時、また遼東を犯し、新安・居郷を略奪し、西安平を攻め、帯方の令を殺し、楽浪太守の妻子を略奪した。霊帝の建寧二年、玄菟太守の耿臨はこれを討ち、斬首した捕虜は数百にものぼり、伯固は降伏し、遼東に属した。嘉平中、伯固は玄菟に属することを乞うた。公孫度の雄は海の東なり、伯固は大加の優居、主簿の然人らを遣わし公孫度を助けて富山の賊を撃ち破った。伯固が死に、二子あり、長子を抜奇、次子を伊夷模という。抜奇は不肖で、国人は共に伊夷模を立てて王とした。伯固の時から、数度遼東に侵略し、また滅んだ胡の五百余家を受けた。建安中、公孫康は軍を出してこれを撃ち、この国を破り、集落を焼いた。抜奇は兄なのに王になることができなかったことを恨み、涓奴の各将と下戸三万人で公孫康に降伏し、沸流水に還り住んだ。胡もまた伊夷模に反乱を起こしたので、伊夷模は新しく国を作り、今日のところがそれである。抜奇はついに遼東へ往き、子を高句麗に留め、今は古雛加が地位に駮位居がこれ也。その後、また玄菟を攻め、玄菟と遼東は連合してこれを大いに破った。伊夷模には子が無く、灌奴部を淫し、子が生まれ名を位宮という。伊夷模が死に、王として立つ。今高句麗王の宮がこれ也。これは曾祖父宮の名で、生まれながらに目が良く見え、国人はこれを嫌い、大きくなるに及んで、凶虐となり、数度侵略する。今王は生れ落ちてすぐによく目が見えたので、高句麗ではよく似ていることを位という。その祖に似ているので、名付けて位宮と呼んだ。位宮は勇ましく、馬に乗り、よく狩りで獲物を射た。景初二年、大尉司馬宣王は衆を率いて公孫淵を討ち、宮は主簿大加と数千人を遣わし軍を助けた。正始三年、宮は西安平を襲い、その五年、幽州刺史の毌丘倹に破られた。

東沃沮は高句麗の蓋馬大山の東にあり、海辺の浜に住む。その地形は東北に狭く、西南に長く、千里ばかり。北は挹婁・扶余と、南は濊貊と接する。戸数五千、大君王無く、世世邑落に各々長帥あり。その言語は高句麗とほぼ同じで、時々異なる。漢の初め、燕の亡人衛満王の朝鮮の時、沃沮みなこれに属す。漢武帝元封二年、朝鮮を征伐し、衛満の孫右渠を殺し、その地を四郡に分け、沃沮城を玄菟郡とする、のち夷貊が侵入し、郡は高句麗の西北に移り、今いわゆる玄菟故府がこれ也。沃沮はまた楽浪に属す。漢は土地が広く遠いので、ただ大領の東だけを分けて東部都尉を置き、不耐城を治め、主領の東に七県を置いた。時に沃沮はまた皆県となった。漢の建武七年、辺郡を省き都尉を廃止した。その後その県の中渠を県候とし、不耐・華麗・沃沮の諸県はみな候国になり、不耐濊候は今に至るまで功曹と主簿諸曹を置き、皆濊民がこれを作った。沃沮の諸邑落の渠帥はみな三老と名乗り、古の県国の制にならうなり。国は小さく大国の間で迫られ、ついに臣は句麗に属す。句麗またその中の大人を使者とし、互いに率いらせ、大加に租税、貊布、魚、塩、海産物を遠く運ぶ責任をすべて負わせ、またその美女を婢妾として送らせ、これを奴僕の如く遇する。その土地は肥沃で、山を背にして前は海、五穀に適しており、田を良く耕す。人の性は質直強勇で、牛馬は少なく、矛を持って前は海、五穀に適しており、田を良く耕す。人の性は質直強勇で、牛馬は少なく、矛を持って歩戦する。飲食居処、衣服は礼節で、句麗と似ている。その葬は大きな木椁を作り、長さ十余丈、一方を開き戸を作る。新しい死者は仮に埋葬し、形を覆い、皮肉が尽きれば骨を取り椁の中に置く。死者は数に随う。また瓦の歴あり、家を挙げて共に一椁を用い、木を刻み生きた形の如くする。この中に米を置き、椁の戸のあたりに懸ける。

毌丘倹は句麗を討ち、句麗王宮は沃沮に奔る。ついに兵を進めてこれを攻め、沃沮の邑落皆これを破り、斬首した捕虜は三千余人、宮北沃沮に奔る。北沃沮は一名溝婁といい、南沃沮を去ること八百余里、その俗は南北みな同じ、挹婁と接する。挹婁は船に乗って侵略するのを好み、北沃沮これを畏れる。夏は山の岩穴で守備し、冬は凍結して船が通れないので村落に戻る。王頎は別に宮を追討し、東の界に尽きる。その古老に問う〝海の東にまた人のあるやなしや。〟古老がいうには国人は船に乗って魚を取ることをたしなむ。暴風に吹かれて十日、東に島を見つけ、上に人あり、言葉は互いに通じず。その俗は常に七月童女を取り海に沈める。また一国海中にあり、女だけで男なし。また言う衣を得て、海から浮かび出て、その身は中国人の衣のごとく、その両袖は長く三丈。また破船を得て、波に随って海の岸辺に出た。一人うなじの中にまた顔があり、これを得て生きる。言葉は通じず、食べなくて死す。この域は皆沃沮の東の大海中にあり。

挹婁は扶余の東北千里にあり、海に面し、南は北沃沮と接し、北はどこまでか判らない。その土地の多くは山が険しく、その人の形は扶余に似ているが、言葉は扶余と違い、句麗と同じ。五穀・牛・馬・麻布がある。人の多くは勇敢で、大君長はいなく、邑落に各々大人がいる。山林の間に住み、常に穴居し、大家は深さ九梯で深いのを好む。気候は寒く、扶余より激しい。その俗は好んで豚を飼い、その肉を食べ、その皮を衣にし、冬は豚の脂を身に塗り、厚さは数分《ぶ》で、風寒を防ぐ。夏は裸で、尺布でその前後を隠し、体を覆う。その人は不潔で、中央に便所を作り、人はそれを囲んで住む。弓は長さ四尺、力は弩のごとし。矢は苦木を用い、長さは一尺八寸、青石を鏃とする。古の粛慎氏の国なり。良く射り、射る人は皆目に入り、矢に毒を施し、射られれば皆死ぬ。赤玉・良い貂を産出し、今にいう邑婁貂とはこれなり。漢以来、扶余に臣属し、扶余はその租賦を重くして責め、黄初中に反乱した。扶余は数度征伐したが、その人は少ないけれど、山は険しく、国人はその弓矢を畏れ、征服できなかった。この国船に乗って侵略し、隣国の災い也。東夷は飲食するに皆俎豆を用いるが、ただ挹婁は用いず、法俗に最も綱紀がない。

濊は南は辰韓と、北は高句麗・沃沮と接し、東は海に面する。今朝鮮の東はみなこの地なり。戸数二万。昔箕子が既に朝鮮に達し、八条の教を作りこれを教える。戸を閉める門はなく、民は盗みをしない。その後四十余世朝鮮侯準は王を僭称する。燕・斉・趙の民で朝鮮に逃れたものは数万人。燕の人衛満は夷を服して王となった。漢の武帝は朝鮮を滅ぼし、この地を四郡に分けた。この後、漢と胡はすこし別れた。その官に候・邑君・三老があり、下戸を統率する。その古老古くは句麗と同種という。大君長なく、漢以来、その官に候・邑君・三老があり、下戸を統率する。その古老古くは句麗と同種という。大君長なく、漢以来、その人の性は誠実で、欲望は少なく、廉恥を知り憐みを請わない。言語法俗は大抵句麗と同じだが、衣服は異なる。男女の衣はみな曲領を着て、男子は銀の花広さ数寸で飾る。ただ大山領の西だけ楽浪に属し、自らの領土は東七県で都尉をこれの主とし、みな濊の民である。漢末には句麗に属す。その俗廃して、その渠帥を封じて候とし、今不耐濊はみなこの種なり。後都尉を西だけ楽浪に属し、自らの領土は東七県で都尉をこれの主とし、みな濊の民である。漢末には句麗に属す。その俗山川重く、山川各々部分あり、妄りに渉ってはいけない。同姓は結婚できない。忌み嫌うことが多く、病気で死ねば旧宅を遺棄して、新たに居を作る。麻布・養蚕があり、綿を作る。暁の頃の星座で年月の豊作を予知する。珠玉を宝としない。常に十月節を用いて天を祭り、昼夜飲食し歌舞し、名を舞天という。また虎を神として祭る。その邑落相侵犯すれば、罰として生口牛馬の責を負う。名を責禍という。殺人は死で償う。寇盗は少ない。矛長さ三丈を作り、数人でこれを持ち、歩戦を行う。楽浪の檀弓はこの地に出る。この海に班魚の皮を産し、土地には文豹がおり、また果下馬を産し、漢の恒帝の時献ずる。

正始六年、楽浪太守劉茂と帯方太守弓遵は領東の濊が句麗に属したので、兵を興しこれを征伐し、不耐候らは邑を挙げて降参した。その八年、宮廷に詣って朝貢し、詔して不耐濊王を拝する。居処は民間にあり、いつも郡に詣でて朝謁する。二郡には軍征賦調あり、使役を供給し、これを遇すること民のようだ。

韓は帯方の南にあり、東西は海で尽きる、南は倭と接する。方四千里ばかりなり。三種有り、一に曰く馬韓、二に曰く辰韓、三に曰く弁韓。辰韓とは、古の辰国なり。馬韓は西にあり。その民は土着し、植種し、養蚕を知り、綿布を作る。各長帥あり、大者自ら名を臣智と称し、その次は邑借で、山海の間に散じ、城郭なし。爰襄国、牟水国、桑外国、小石索国、大石索国、優休牟涿国、臣濆沽国、伯濟国、速盧不斯国、日華国、古誕者国、古離国、怒藍国、月支国、咨離牟盧国、素謂乾国、古爰国、莫盧国、卑離国、占卑国、臣釁国、支侵国、狗盧国、卑彌国、監奚卑離国、古蒲国、致利鞠国、冉路国、兒林国、駟盧国、内卑離国、感奚国、萬盧国、辟卑離国、臼斯烏旦国、一離国、不彌国、支半国、狗素国、捷盧国、牟盧卑離国、臣蘇塗国、莫盧国、古臘国、臨素半国、臣雲新国、如來卑離国、楚山塗卑離国、一難国、狗奚国、不雲国、不斯濆邪国、爰池国、乾馬国、楚離国、おおよそ五十余国が在る。大国は万余家、小国は数千家、総て十万余戸。辰王は月支国を治める。臣智或いは加優は臣雲を呼び（遣支報安邪踧支濆臣離兒不例拘邪秦支廉は意味不明）これを号する。その官に魏率善、邑君、帰義候、中朗将、都尉、伯長あり。

候准既に王を詐称し、燕の亡人衛満に攻奪され、その左右の宮人は入海に走しり、韓地に住み韓王を自称する。その後絶滅し、今韓人は特にその祭祀者を奉りあり。漢の時楽浪郡に属し、四時朝謁す。桓、霊の末、韓、濊、強盛にして、郡県は制御できず、民の多く韓国に流入する。建安中、公孫康分屯し県以南の荒地を帯方郡とした。公孫模、張敞等を遣わし遺民を収集し、兵を興し韓・濊を伐す。旧民少し出て、その後倭、韓は遂に帯方に属す。景初中、**明帝密かに帯方太守劉昕と楽浪太守鮮于嗣を遣わし海を越えて二郡を定め**、諸韓国の臣智に邑君の印綬を加賜し、その次に邑長に与えた。その俗は衣幘を好み、下戸は郡に詣で朝謁する。皆仮の衣幘し、自ら印綬に服す者千人余りあり。部従事吴林楽浪を以って韓国を本統し、辰韓の八国を楽浪と分割し、吏訳転ずるに異同し、臣智韓を激憤させ、帯方郡崎離営を攻める。時の太守弓遵、楽浪太守劉茂兵を興しこれを討つが、遵戦死し、二郡ついに韓を滅ぼす。その俗綱紀少なく、国邑に主帥あるが、邑落は雑居し、善く相制御あたわず。跪拝の礼なし。居所は草屋土室を作り、形は塚の如し。その戸は上にあり、家を挙げて共に中に住み、長幼男女の別なし。その葬は椁あれど棺なし、牛馬に乗ることを知らず、牛馬は尽く死ぬまでつかう。瓔珠を以って財宝となし、或いは衣に縫って飾りと為し、或いは首に懸け耳に垂らす、金銀錦繍の珍を知らず。その人性は強勇にして、頭は露かいし、日光の兵の如く、衣は綿入れで、足には皮のサンダルを履く。その国中のすべての官家に城郭を築かせ、年少の勇健な者は、皆背皮を穿ち、大縄でこれを貫き、また丈許の木をこれに挿して、通日歓呼して働くも、痛くなく、作業を励み、且つ健なり。常に五月種を播き終え、鬼神を祭り、群衆歌舞し、飲酒昼夜休まず。この舞、数十人共に踊り、地を踏み低く仰ぐ、手足相応え、節奏は鈴踊りに似ている。十月農作業が終わって、またこの如し。鬼神を信じ、国邑各々一人の主を立てて天神を祭る、名を天君という。また諸国に別邑あり、名これ蘇塗という。大木を立て、鈴鼓を懸け、鬼神を事とする。

諸々の逃亡その中に至り、皆帰らず、賊を成すことを好む。その蘇塗を立てたる義、浮屠に似ている、而して善悪を行うところ異あり。その北方近郡諸国、礼俗を知るに差あり、その遠き処は囚徒奴婢の如く相衆する。他に珍宝なし。禽獣草木は概ね中国と同じ。大栗を出し、大きさは梨の如し。また細尾鶏を出し、その尾みな長さ五尺あまりなり。その男子時々分身あり、また胡州有り馬韓の西海の中大島の上に在り、その人矮小にして、言語は韓と同じくせず、皆髪を切り落とし鮮卑の如し、ただし衣は皮革で、牛及び豚を良く養う。その衣上あり下無く、概ね裸の如し。船に乗り往来し、市は韓中に買う。

辰韓は馬韓の東にあり、その古老の伝承では、自ら言うに古の亡人秦の役を逃れ韓国に来適し、馬韓その東の境の地を割きこれに与える。城柵あり。その言語は馬韓と同じでない。国の名を邦、弓を弧、賊を寇、酒を作ることを觴を作るという。みな徒と呼び合い、秦人に似ていて、燕にではなく、斉の名物なり。楽浪人を阿残と呼ぶ。東方人は我（わたし）を阿というは、所謂楽浪人が本来その残余人なり。今名を秦韓とする、始め六国あり、後に十二国に分かれる。

弁辰はまた十二国、また各々小さき別邑あり、各々渠帥あり、大は臣智という、その次に険側あり、次に樊濊あり、次に殺奚あり、次に邑借あり。彌離彌凍国、接塗国、古資彌凍国、古淳是国、半路国、樂奴国、彌烏邪馬国、甘路国、狗邪国、走漕馬国、安邪国（馬延国）、瀆盧国がある。（辰韓には）已柢国、不斯国、勤耆国、難彌離彌凍国、冉奚国、軍彌国（弁軍彌国）、如湛国、戸路国、州鮮国（馬延国）、斯盧国、優由国がある。弁、辰韓合わせて二十四国、大国四五千家、小国六七百家、総て四五万戸。その十二国は辰王に属す。辰王は常に馬韓人を用いてこれを作り、世世これを継承する。辰王は自ら立って王になることができない。土地は肥え、五穀及び稲に適し、養蚕に明るく、薄い絹の布を作り、牛馬の車に乗る。嫁取りの礼俗は男女別有り。大鳥の羽を以って死を送り、その意は死者が飛翔する事を欲する。国に鉄が出で、韓・濊・倭皆これを取る。諸市はみな鉄を用いて買うは、中国の銭を用いるようである、また二郡に供給する。俗は歌舞飲酒を喜ぶ。瑟あり、その形は筑に似ている、これを弾く音曲あり。男児生まれれば時期を見計らい石でその頭を挟み、その狭きを欲す。今弁辰人は皆頭が偏頭である。男女は倭に近く、また分身する。歩戦と兵杖は馬韓と同じ。その俗は行く者相逢えば、皆道を譲る。弁辰と辰韓は雑居し、また城郭あり。衣服居処は辰韓と同じ。言語及び法俗は互いに似ているが、鬼神を祭る祠は差異あり、かまどは皆家の西に設える。その涜卢国は倭と界を接する。十二国また王あり、その人形は皆大なり。衣服は清潔で、長髪。また幅広の細布を作る。法と俗は特に峻厳。

倭人は帯方の東南大海の中にあり、山島に依りて国邑をなす。もと百余国、漢の時朝見する者あり。今使訳通ずる所三十国なり。郡より倭にいくには、海岸に循って水行し韓国を歴て、あるいは南へあるいは東へ、其の北岸の狗邪韓国に到る七千余里、始めて一海を渡ること千余里で、対海国（対馬国）に至る。その大官を卑狗といい、副を卑奴母離という。居る所は絶島で、方四百里ばかりなり。土地は山険しく深林多く道路は禽路の如し。千余戸あり、良田なく海物を食して自活し、船に乗って南北にゆき市糴する。又南に一海を渡ること千余里、名づけて瀚海といい、一大国に至る。官をまた卑狗といい、副を卑奴母離という。方三百里ばかり、竹木・叢林多く、三千ばかりの家あり。やや田地あり、田を耕すもなお食するに足らず、亦た南北に市糴する。又一海を渡る千余里末盧国に至る。四千余戸あり。山海に沿って住む。草木茂盛し、行くに前人を見ず。好んで魚蝮を捕え、水深浅となく、皆沈没して之を取る。東南陸行五百里にして、伊都国に到る。官を爾支といい、副を泄謨觚・柄渠觚という。千余戸あり。世々王あり、皆女王国に統属する。郡使の往来常に駐まる所なり。東南奴国に至る百里。官を兕馬觚といい、副を卑奴母離という。二万余戸あり東行不弥国に至る百里。官を多謨といい、副を卑奴母離という。千余家あり。南投馬国に至る、水行二十日。官を弥弥といい、副を弥弥那利という五万余戸あり。南邪馬台国に至る、女王の都する所、水行十日陸行一月。官に伊支馬あり、次を弥馬升といい、次を弥馬獲支といい、次を奴佳鞮という。七万余戸ばかりあり。女王国より北は、その戸数・道里は略載することができるが、その余の旁国は遠く絶たりて、詳しく知ることができない。次に斯馬国あり、次に巳百支国あり、次に伊邪国あり、次に都支国あり、次に弥奴国あり、次に良古都国あり、次に不呼国あり、次に姐奴国あり、次に対蘇国あり、次に蘇奴国あり、次に呼邑国あり、次に華奴蘇国あり、次に鬼国あり、次に為吾国あり、次に鬼奴国あり、次に邪馬国あり、次に躬臣国あり、次に巴利国あり、次に支惟国あり、次に烏奴国あり、次に奴国あり。これが女王の境界の尽きる所である。その南に狗奴国あり、男子を王となす。その官に狗古智卑狗あり。女王に属せず。郡より女王国に至る万二千余里。

男子は大小の区別なく、皆黥面文身する。古より以来、その使者が中国に詣でると、皆みずから大夫と称す。夏后少康の子、会稽に封ぜられ、断髪文身して、以て蛟竜の害を避ける。今倭の水人、好んで沈没して魚蛤を捕え、文身することで大魚水禽をはらう。後文身は飾りとなる。諸国の文身は各々異なり、或いは左に或いは右にし、あるいは大にあるいは小に、尊卑の差あり。その道里を計るに、ちょうど会稽の東冶の東にあたる。その風俗は淫ならず。男子は皆露紒し、木緜を以て頭に招け、その衣服は横幅、ただ結束して相連ね、ほぼ縫うことなし。婦人は被髪屈紒し、衣を作ること単被の如く、その中央を穿ち、頭を貫きて之を衣る。禾稲・紵麻を植え、蚕桑緝積し、細紵・縑緜を出だす。その地には牛・馬・豹・羊・鵲なし。兵には矛盾木弓を用いる。木弓は下を短く上を長くし、竹箭は或いは鉄鏃或いは骨鏃なり。有無するところ、儋耳・朱崖と同じ。倭の地は温暖で、冬夏生菜を食す。皆徒跣、屋室あり、父母兄弟臥息を異にする。朱丹を以てその身体に塗る。中国の粉を用いるが如きなり。食飲には籩豆を用い手食する。その死には棺あるも槨なく、土を封じて冢を作る。死ぬとまず十余日喪を停し、その期間は肉を食わず、喪主は哭泣し、他人就いて歌舞飲食す。已に葬るや、家を挙げて、水中に詣りて澡沐し、以て練沐の如くする。その行来、渡海し中国に詣るには、恒に一人をして頭を梳らず、蟣蝨を去らず、衣服垢汚、肉を食わず、婦人を近づけず、喪人の如くさせる。これを名づけて持衰と為す。もし行く者吉善なれば、共にその生口・財物をあたえるが、もし疾病あり、暴害に遭えば、便ちこれを殺さんと欲す。真珠・青玉を出す。その山には朱あり。その木には枏・杼・予樟・楺・櫪・投・橿・烏号・楓香あり、その竹には篠・簳・桃支あり、薑・橘・椒・蘘荷あるも、以て滋味となすを知らず。獮猴・黒雉あり。その俗挙事行来に、云為する所あれば、輒ち骨を灼きて卜し、以て吉凶を占い、先ず卜する所を告ぐ。その辞は令亀の法の如く、火坼を視て兆を占う。その会同・座起には、父子男女の別なし。人性酒を嗜む。大人の敬する所を見れば、ただ手を博って跪拝の代わりとする。その人寿考、或いは百年、或いは八九十年。その俗、国の大人は皆四五婦、下戸も或いは二三婦あり。婦人淫せず、妬忌せず、窃盗せず、諍訟少なし。その法を犯すや、軽き者はその妻子を没し、重き者はその門戸およぴ宗族を没す。尊卑各々差序あり、相臣服するに足る。租賦を収める、邸閣あり、国々に市あり。有無を交易し、大倭をしてこれを監せしむ。女王国より以北には、特に一大率を置き、諸国を検察させる。諸国これを畏憚する。常に伊都国を治す。国中における刺史の如くあり。

王、使いを遣わして京都・帯方郡・諸韓国に詣り、および郡の倭国へ使いするや、皆津に臨みて捜露し、文書・賜遺の物を伝送して女王に詣らしめ、差錯するを得ず。下戸、大人と道路に相逢えば、逡巡して草に入り、辞を伝え事を説く場合は恭敬のために、或いは蹲り或いは跪き、両手は地につける、対応の声を例えば承諾の場合は噫（あい）という。

その国、もとまた男子を以て王となし、住まること七八十年。倭国乱れ、相攻伐すること歴年、初めて敬って一女子を立てて王となす。名づけて卑弥呼という。鬼道に事え、能く衆を惑わす。年已に長大なるも、夫婿なく、男弟あり、佐けて国を治める。王となりしより以来、見る者少なく、婢千人を以て自ら侍せしむ。ただ男子一人あり、飲食を給し、辞を伝え居処に出入りする。宮室・楼観・城柵、厳かに設け、常に人あり、兵を持して守衛する。

女王国の東、海を渡る千余里、また国あり、皆倭種なり。また侏儒国あり、その南にあり。人長け三四尺、女王を去る四千余里。また裸国・黒歯国あり、またその東南にあり。船行一年にして至るべし。倭の地を参問するに、海中洲島の上に絶在し、或いは絶え或いは連なり、周旋五千余里ばかりなり。

景初二年六月、倭の女王、大夫難升米等を遣わし郡に詣り、天子に詣りて朝献せんことを求む。太守劉夏、史を遣わし、将って送って京都へ詣らせしむ。その十二月、詔書して倭の女王に報じていわく、「親魏倭王卑弥呼に勅を下す。帯方太守の劉夏が使いを遣わし、汝の大夫の難升米次使の都市牛利を送り、汝が献じた男の生口四人、女の生口六人、班布二匹二丈を奉じて到来した。汝の存所は余りにも遠いが、遣使を以て貢献してきた、これは汝の忠孝であり、我は甚だ汝をいとしく思う。今、汝を親魏倭王と為し、金印紫綬を装封して帯方太守に略式で委任する。汝は種族の人々を鎮撫し、努めて孝順させよ。汝の使者の難升米、牛利は遠路はるばるご苦労であった。今、難升米を率善中郎将、牛利を率善校尉と為し、銀印青綬を授与し、引見し労賜して遣わして還す。今、絳地の交龍錦を五匹、絳地の縐粟罽十張、蒨絳五十匹、紺青五十匹を以て、汝が献じた貢物の値に答える。

また、特に汝に紺地句文錦三匹、細班華五張、白絹五十匹、金八両、五尺刀を二口、銅鏡百枚、真珠、鉛丹各々五十斤を賜う。みな装封して難升米、牛利に付託するので、還り到着したら目録どおり受けとり、ことごとく汝の国中の人に示し、魏国が汝をいとしく思っていることを知らせよ。それ故に鄭重に汝によき品々を賜うのである」と。

正始元年、太守弓遵、建中校尉悌儁等を遣わし、詔書・印綬を奉じて、倭国に詣り、倭王に皇帝の代理で授け、あわせて詔によって賜った金帛・錦罽・刀・鏡・采物をもたらした。倭王、使節の求めに応じて上表し、詔恩を答謝す。

その四年、倭王また使大夫伊声耆掖邪狗等八人を遣わし、生口・倭錦・絳青縑・緜衣・帛布・丹・木弣・短弓矢を献上す。掖邪狗等、率善中郎将の印綬を拝受した。

その六年、詔によって倭の難升米に黄幢賜い、郡にゆだねて略式で委任した。

その八年、太守王頎官府に到着した。倭の女王卑弥呼、狗奴国の男王卑弥弓呼ともとより和せず。倭の載斯烏越等を遣わして郡に詣り、相攻撃する状を説く。塞曹掾史張政等を遣わして、詔書・黄幢を難升米に皇帝の代理で授与するためにもたらし、檄をつくってこれを告諭した。

卑弥呼すでに死んでいた。大いに冢を作る。径百余歩、徇葬する者、奴婢百余人。更に男王を立てたが、国中服せず。お互いに誅殺し、当時千余人を殺す。また卑弥呼の宗女壱与年十三を立てて王となし、国中遂に定まる。張政等、檄を以て壱与を告諭した。壱与、倭大夫率善中郎将掖邪狗等二十人を遣わし、張政等が還るのを台（魏の中央官庁）に詣るために送り、男女生口三十人を献上し、白珠五千孔、青大勾珠二枚、異文雑錦二十匹を貢した。

■主な参考文献

1.『中華経典普及文庫　三国志』　中華書局
2.『魏志倭人伝・後漢書倭伝・宋書倭国伝』　和田清、石原道博・編訳　岩波文庫
3.『三国史記倭人伝：他六篇 朝鮮正史日本伝1』　佐伯有清・編訳　岩波文庫
4.『古代国語の音韻について』　橋本進吉　明世堂
5.『日本語の源流を求めて』　大野晋　岩波新書
6.『邪馬台国論争』　佐伯有清　岩波新書
7.『邪馬台国がみえてきた』　武光誠　ちくま書房
8.『魏志倭人伝の謎を解く：三国志から見る邪馬台国』　渡邊義浩　中公新書
9.『日本史探訪2　古代王国の謎』角川書店 編　角川文庫
10.『邪馬台国　清張通史1』　松本清張　講談社文庫
11.『古事記』　岩波文庫
12.『日本書紀』　岩波文庫
13.『完訳　三国志（七）（八）』小川環樹、金田純一郎 訳　ワイド版岩波文庫
14.『倭国大乱と吉野ヶ里』　大塚初重ほか　山川出版社
15.『人口から読む日本の歴史』　鬼頭宏　講談社学術文庫

■主な参考文献

16．『日本の古代2　列島の地域文化』　森浩一・編　中公文庫
17．『歴史に気候を読む』　吉野正敏　学生社
18．『忘れられた日本人』　宮本常一　岩波文庫
19．『正史　三国志　1・4』　陳寿著ほか　ちくま学芸文庫
20．『探訪　弥生の遺跡　西日本編』　佐原眞・編　有斐閣
21．『倭・倭人・倭国　東アジア古代史再検討』　井上秀夫　人文書院
22．『私の日本古代史（上）天皇とは何ものか―縄文から倭の五王まで』　上田正昭　新潮選書
23．『渡来の古代史　国のかたちをつくったのは誰か』　上田正昭　角川選書
24．『卑弥呼の居場所　狗邪韓国から大和へ』　高橋徹　NHKブックス
25．『稲の日本史』　佐藤洋一郎　角川選書
26．『中国からみた日本の古代　新しい古代史像を探る』　沈仁安　ミネルヴァ書房

島田　正信（しまだ・まさのぶ）

神戸大学卒業。

79年より中国関係の仕事に従事する。

中国居住延べ17年。訪中歴は百回を超える。

千葉県在住。

投馬国《とうまこく》は対馬にあった —官話《かんわ》で読み解く『魏志倭人伝』—

2020年3月16日　第1刷発行

著　者　島田正信

発行人　大杉　剛

発行所　株式会社 風詠社

〒553-0001　大阪市福島区海老江5-2-2

大拓ビル5-7階

TEL 06（6136）8657　https://fueisha.com/

発売元　株式会社 星雲社

（共同出版社・流通責任出版社）

〒112-0005　東京都文京区水道1-3-30

TEL 03（3868）3275

装幀　2DAY

印刷・製本　シナノ印刷株式会社

ISBN978-4-434-27129-8 C0021